Nunca serás libre.

Por Andreas Müller.

Impressum/Imprimir

Bibliografische Information der Deutschen Nationalbibliothek:
Die Deutsche Nationalbibliothek verzeichnet diese Publikation
in der Deutschen Nationalbibliografie; detaillierte
bibliografische Daten sind im Internet
über dnb.dnb.de abrufbar.

© 2021 Andreas Müller

Traducción: Adriana Hernández

Cover: Levin Sottru

Herstellung und Verlag:
BoD – Books on Demand, Norderstedt

ISBN: 9783753453590

"No me sigan. Estoy perdido"

U.G. Krishnamurti

La vida más ordinaria es liberada por medios personales. No hay ninguna persona. Toda la idea de que puedes convertirte en algo mejor o incluso perder algo es parte de una ilusión: la ilusión de ser "yo". En primer lugar, no existe tal cosa. Recuerda: no enseño nada. No hay nadie.

Este libro contiene extractos de las conversaciones con Andreas que tuvieron lugar entre 2017 y 2019.
Están vagamente clasificadas, pero no siguen ningún orden específico.

¿Qué?

P: ¿Qué enseñas?

A: Nada, todo está perfecto ya. Entonces, no hay nada que enseñar.

P: ¿Cómo puedo ver eso?

R: Bueno, realmente nunca verás eso. Cuando hablas de "cómo puedo ver eso", te refieres a un estado adicional de la vision. Sin embargo, la perfección no puede ni tiene que ser vista, simplemente es. En ese sentido, el yo aparente nunca está interesado en la perfección, solo está interesado en verla. Sin embargo, exactamente ese 'yo' es ilusorio y también lo sería su visión.

P: ¿Ves esa perfección?

R: No, no la veo. No hay un "yo" que piense que debería o incluso podría hacerlo. Sorprendentemente, la perfección no necesita verse en sí misma para ser -simplemente es lo que naturalmente es-.

P: ¿Pero para que sirve si no puedo experimentarlo?

R: Oh, nada. No sirve para nada. No es algo que usted posea y pueda usar. Simplemente es lo que eres.

P: ¿Qué soy yo? ¿Te refieres a la conciencia?

R: Oh, no, no hay experiencia de quién o qué eres. Todo lo que hay es lo que eres, pero para nadie. La conciencia todavía es una experiencia. Nada tiene una experiencia de "lo que es", todo lo que hay es "lo que es".

Unio Mystica

P.: ¿Crees que la liberación es la Unio Mística?

R: La Unio Mística de la que hablamos no es una experiencia, no es un insight ni un saber. Es la fusión de la realidad sujeto-objeto o, más bien, la fusión de la trinidad del experimentador, experimentado y el proceso de la experiencia en la nada, en el desconocimiento.

P: ¿Qué es el desconocimiento?

R: En realidad, no es solo el desconocimiento. El desconocimiento en realidad proviene de ni siquiera haber sido experimentado. Cuando hablo de desconocimiento, no me refiero a un estado personal de no concentrarse en los pensamientos; esta cosa mareada de "yo no pienso". No saber significa no experimentar. No se puede saber nada, porque no hay experiencia de nada.

P: ¿Esa es la Unio Mystica?

R: Se podría decir. Lo interesante es que en realidad no existe tal cosa. La separación es una ilusión, por lo que no hay un verdadero derretimiento en la nada. No es algo que sucederá algún día. De hecho, no sucede.

P: ¿No sucede?

R: No, no sucede. Todo este asunto de la "unión con Dios" se basa en el supuesto de que existe una entidad separada. Sin embargo, no lo hay. Ya existe una única unión. Ya sabes, experimentarse a sí mismo no es real, por lo tanto, la suposición de una experiencia futura no es más que una suposición de esa ilusoria experiencia presente. Ahora no hay experiencia y nunca habrá ninguna experiencia. Vista desde la perspectiva aparente del "yo", se asume que la liberación es una experiencia continua de saber y sentir conscientemente que todo está bien.

Bueno, no solo bien, realmente bien. Esa experiencia futura continua no existe.

P: Pero hay experiencias de "bondad absoluta".

R: Sí, pero siguen siendo experiencias y no satisfacen en absoluto. Nunca satisfacen el anhelo de la Unio Mística, son solo una experiencia.

P: Hmm. Pero algún día podría durar.

R: Si esa es la esperanza.

Bienestar.

P: ¿Qué quiere decir cuando dice que no hay esclavitud?

R: Ambos, esclavitud y liberación, son parte de un sueño - el sueño de ser algo separado que está presente. Esta "cosa" vive en una aparente "auto-experiencia", que va acompañada de una sensación de insatisfacción y el intento de encontrar una respuesta a esa sensación. Eso es lo que se llama esclavitud. La liberación es o la idea de superar esa esclavitud o, como a veces la uso, la aparente ruptura del conjunto personal. Vista por la persona, se asume que la liberación es la superación de la búsqueda al encontrar algo, y luego convertirse en una persona realizada. La persona quiere deshacerse de la búsqueda o quiere deshacerse de sí misma y entrar en un estado de liberación que, también, se supone que existe como algo en el tiempo y el espacio. Sin embargo, lo que estoy diciendo es que no hay ninguna persona en primer lugar. Cuando no hay persona, no hay nadie prisionero por lo que pasa ni hay alguien que se libere de lo que pasa. Por tanto, los conceptos de liberación y esclavitud pertenecen únicamente al sueño. Tampoco tienes que escapar de "lo que es" ni tienes que desnudar "lo que es". Es realmente así de simple.

3

P: No creo que sea simple. Para mí, todo parece muy difícil. Quiero decir, he estado luchando mucho con esto durante muchos años.

R: Sí, eso es cierto. El "yo" está luchando con esto. Es simple porque ya es así. Sin embargo, es imposible de hacer. Mira, no solo es difícil de hacer, ¡es imposible! Es imposible de hacer, porque ya está entero y completo. Toda la experiencia de la integridad que creas es parte del sueño. Toda la experiencia es ilusoria. "Lo que es" ya está completo, sin importar cómo se vea o cómo se sienta. Y cuando hablo de "lo que es", no me refiero a un "qué es" abstracto. A lo que me refiero es exactamente a esto: la habitación, tú, los sentimientos, la respiración, la atmósfera. Eso esta naturalmente completo y no necesita ningún estado de paz o bienestar artificial o adicional. El bienestar es la realidad natural, podríamos decir. Todo está total y absolutamente bien en lo que es.

P: ¿Incluso el dolor?

R: Por supuesto, incluso el dolor. ¿Alguna vez has escuchado el dolor quejándose de sí mismo? ¿Alguna vez has escuchado algún sentimiento quejándose de sí mismo? ¿Alguna vez ha escuchado algún sentimiento de dicha elevándose? No, simplemente es lo que aparentemente sucede. El sufrimiento aparente es cuando hay alguien que está experimentando dolor y sufrimiento. Ese vive en la ilusión de sufrir dolor, en lugar de que solo haya dolor. Afortunadamente, no hay nadie. No hay nadie en el infierno ni hay nadie en el cielo. Esa es la libertad.

P: ¿Entonces el sufrimiento es una ilusión?

R: Bueno, el dolor es lo que aparentemente sucede, pero sí, el que sufre es ilusorio. Nadie sufre de nada. Pero aparentemente pueden ocurrir sentimientos que el 'yo' consideraría sufrimiento.

P: ¿Y luego? ¿Qué haces cuando hay dolor? ¿Te sientas en

silencio o qué?

R: No, no lo hago. O puedo hacerlo. No lo sé. Algo aparentemente sucede. Quizás tome medicamentos.

P: Pero usted acaba de decir que el dolor es "eso". Entonces, ¿por qué tiene que tomar medicamentos?

R: "Yo" no tomo medicamentos, pero tomar medicamentos puede ser lo que aparentemente sucede. Y, como dije, no hay nadie que tenga que tolerar o aceptar el dolor. Asumes que esto es un mensaje personal con un punto de vista personal. No veo que el dolor sea "eso" desde un punto de vista personal y luego pueda reaccionar conscientemente de acuerdo con ese estado de aceptación. El dolor, así como mi reacción, es lo que aparentemente sucede. Simplemente no hay nadie viviendo en la ilusión de hacer algo de eso.

P: ¿Pero esa ilusión es incorrecta?

R: No, no lo es. Es solo lo que aparentemente sucede. No es ni correcto ni incorrecto, y es tan completo como todo lo demás.

P: ¿Pero porqué estamos trabajando tan duro para deshacernos de él?

R: No lo sé. De todos modos no hay ilusión, por lo que trabajar para deshacerse de la ilusión es parte de la ilusión. A la unidad no le importa ni sabe nada acerca de una ilusión.

P: ¿Pero no estamos hablando aquí para deshacernos de ella?

R: No, no lo estamos. Esto no es una enseñanza. No hay ninguna intención de mi parte al menos. Esto no está sucediendo por nada. En ese sentido, el "yo" está trabajando en un problema ilusorio. No hay una ilusión de "yo" ni un "yo". Simplemente está lo que aparentemente sucede, que es exactamente esto e incognoscible al mismo tiempo. Sin embargo, está absolutamente feliz de ser lo que es. Todas las quejas provienen de ese yo ilusorio, pero incluso eso es feliz y simplemente sí mismo. A nadie le molesta ese "yo" ni nadie sabe de su existencia.

P: Hmm. Entonces, toda mi búsqueda fue realmente inútil.

R: Oh, sí, no hay nada que conseguir. La configuración completa de la experiencia no existe. El primer elemento de eso , tú, buscando en el segundo elemento, lo que experimentas, es una realidad soñada. Todos los resultados de esa búsqueda son también parte de esa realidad onírica. Allí no hay plenitud.

P: ¿Pero dónde puedo encontrar la plenitud entonces?

R: En ninguna parte. No puedes encontrar satisfacción. De hecho, no existe nada parecido a la realización de esa plenitud. Lo que en realidad estás buscando es una experiencia de realización. Lo que estas buscando es una conciencia de realización y eso exactamente no existe. El yo aparente cree que la liberación está reemplazando la experiencia del incompletud y la búsqueda, por una experiencia de realización y haber encontrado. Piensa que la experiencia de presencia es reemplazada por una experiencia de ausencia. Sin embargo, en la liberación, toda la configuración de la experiencia resulta ser inexistente, pero no es reemplazada por nada. Lo que queda es naturalmente entero y completo, pero no hay experiencia de ser eso. Por supuesto, visto desde la perspectiva del yo aparente, esto no se puede comprender. Todo el "yo" sabe - y todo lo que existe - es experimentar, y todo para lo que ha estado trabajando durante toda su vida es ese reemplazo. Sin embargo, no hay nada que ver. Nada tiene que ser visto. Nada tiene que ser reemplazado y nada tiene que ser experimentado. Este "tengo que encontrarlo" es una ilusión, lo que significa que simplemente no es cierto. Nada puede y ni tiene que ser encontrado.

P: Bueno, lo sé. Lo has dicho una y otra vez.

R: Sí, ¿y? ¿En qué ayuda?

P: Nada en realidad.

R: Sí, exactamente. Todavía eres "tú" sabiendo algo. Sin embargo, en primer lugar, no hay un "tú".

P: Hmm.

R: Sí.

P: ¿Todavía puedes decir algo sobre esa realización?

R: Como dije, lo que es o lo que aparentemente sucede, es naturalmente entero y completo. Es incognoscible, pero al serlo es exactamente lo que es. No hablamos de una superrealidad que lo abarque todo o que lo impregne todo en secreto. No está escondido en alguna parte, es exactamente esto sin una segunda, "metarealidad". Está completamente al abierto. No es un secreto oculto, es un secreto a voces.

P: Ramana dijo que saberlo es serlo. ¿Eso de alguna manera encaja en eso?

R: Bueno, podría ser lo mismo que estaba diciendo. No puedes saberlo o más bien experimentarlo. Naturalmente, eres "eso". Sin embargo, el buscador probablemente convertirá este "ser" en algo que uno podría o debería hacer conscientemente. "Serlo" es la realidad natural, o mejor dicho: Todo ya es eso. Para el buscador, "serlo" significaría "llegar a ser y experimentar serlo", pero eso es aparentemente diferente de serlo. Sí, lo eres, pero sin tener la experiencia de serlo.

¿Qué es el "yo"?

P: ¿Qué es el "yo" en realidad?

R: No hay respuesta a esa pregunta, simplemente porque no hay ningún "yo" alrededor. Entonces, estaríamos hablando de una ilusión. No hay "yo", no hay alma, no hay presencia, no hay conciencia de sí mismo y no hay conciencia. ¿No es interesante?

P: ¿Pero por qué tantos maestros, religiones y tradiciones enfatizan tanto esa conciencia?

R: Oh, solo porque estas son enseñanzas personales. Todo lo que hace la persona es elevar su existencia. Todo lo que el "yo" tiene es su existencia, en eso consiste. Y exactamente esa existencia tiene que ser infundida artificialmente con significado y grandeza para que sea digna. Todo lo que el "yo" sabe es "yo", entonces "yo" debe ser Dios. (risas). Qué arrogancia. Una aparente arrogancia, por supuesto.

P: Oh, wow.

R: La otra cosa que hace que estas enseñanzas sean atractivas es que se dirigen constante y directamente a la persona. Eso es lo que la persona quiere y disfruta en primer lugar: ser visto, ser reconocido como presente, como existente. Ese es otro método para confirmar la propia existencia. Además de eso, todo esto de la conciencia se refiere a otro estado que aparentemente puede ser verificado por la indagación y la experiencia personal. 'Yo' simplemente tiene que indagar y descubrir que en realidad es pura conciencia o conciencia o algo así, al menos algo que es algo que existe de alguna manera. "Tener conciencia de ser conciencia" es otra de estas ideas. Otra cosa que parece atractiva, otra promesa. Las enseñanzas personales ofrecen un estado que promete salvación y completud. Solo tienes que aprender a ir allí o saber eso. "Conocerse a sí mismo como conciencia", por ejemplo, es una de estas cosas.

Lo divertido y sorprendente de eso es que es total y absolutamente ilusorio. Todos estos estados y experiencias no tienen realidad en absoluto. Es una realidad soñada, -no soñada por nadie-, que no tiene sustancia alguna.

P: ¿No tiene al menos la realidad de un sueño?

R: Bueno, no. "No hay yo" en realidad significa que no hay "yo". Entonces, tampoco hay ningún sueño de "mí". La suposición de que hay un sueño que podría terminar ya es parte del sueño. No hay ni delirio ni un sueño del que despertar. Eso es todo lo relacionado con los sueños espirituales.

P: ¿Pero cómo puede sentirse tan real ser "yo"?

R: Si sentir que soy "yo" es lo que aparentemente sucede allí, es inevitable. Entonces eso es lo que aparentemente sucede, y eso es la realidad podríamos decir. Aunque igualmente no hay nadie allí.

P: ¿Pero cómo puedo comprender eso? ¿Cómo puedo ver que no soy real?

R: Para nada. No puedes ni comprender ni ver eso, simplemente porque no hay un "tú". ¿Quién podría hacer eso? No hay nadie.

P: Sí, pero a veces parece que veo que no hay un "yo".

R: Sí, pero ¿de qué sirvió esto? Todavía es alguien que ve algo. Todavía es la conciencia la que es consciente de alguna circunstancia. Sin embargo, no hay un "yo" ni un ver ni circunstancias reales. Todavía está tratando de ver y ser consciente de algo. Exactamente ese es el sueño.

P: Hmm, oh.... Y tenía ganas de mejorar.

R: Sí, exactamente. Tenía ganas de mejorar. Qué broma ... (risas). Por eso me refiero a la liberación como muerte. No es ver algo. No se está desarrollando hacia algo, no se está volviendo o siendo consciente de algo, sea lo que sea. Es simplemente la muerte súbita de la experiencia ilusoria de ser ese algo que experimenta la presencia. No hay necesidad de ver ni otros requisitos previos. Es simplemente morir sin razón, sin haber llegado a algún lugar y sin haber obtenido ninguna respuesta. La liberación es solo el final de esa presencia sin ninguna razón.

P: Uf, eso es algo realmente fuerte.

R: Oh, sí, es tan diferente de lo que piensa el yo aparente. Tiene todas esas ideas de metas elevadas, aspiraciones santas y sueños sobre estados de felicidad y grandeza. Y luego, de repente, todo lo que queda es esto. Todo lo que queda es estar sentado en una habitación, ser yo, ser tú, estos pensamientos, estos sentimientos. Y esa es la sorpresa: al morir no pasa nada. Al morir nada muere, nada cambia. Nada se convierte en otra cosa. Es simplemente "esto", para nadie. No hay ningún hallazgo en eso, ni llegada, ni realización, ni muerte, ni experiencia de que algo llegue a su fin. Toda la experiencia de la presencia, yo y mi vida, resulta ilusoria. Nunca existió. "Yo" nunca fui algo que sucedió. Nada ha nacido y nada muere. No hay nada ahí. Lo que queda es esto. Lo que queda es lo que aparentemente sucede. Sin embargo, para nadie

P: ¿Pero qué es "esto"? ¿Hay una ilusión ahora o no? ¿Quién sabe todo eso?

A: Nadie lo hace. ¿Quién podría saber todo eso? ¿Quién podría experimentar algo en primer lugar? "Esto no es algo que se haya experimentado y conocido. No es siquiera algo que lo sea. No es nada para nadie.

P: Pero entonces realmente no se puede saber nada.

R: Sí, exactamente. Sin embargo, no porque haya algo que no pueda ser conocido, sino porque no hay nada allí en primer lugar. Todo conocimiento vendría de esa conciencia artificial que experimenta a sí misma y a todo lo demás como real. Sin eso, ¿quién podría experimentar algo?

P: Vaya, hombre. Ahora veo que realmente hablas de la muerte.

R: Sí, visto por el "yo", es la muerte. Es el fin de todo saber o más bien el fin de la ilusión de saber por el fin de la ilusión de experiencia y presencia. Sin embargo, "esto" es lo desconocido. "Sentarse en esta habitación, ser tú, ser yo" es lo desconocido. Todo es en sí mismo, sin ninguna experiencia adicional de sí mismo.

P: ¿Pero no es una experiencia adicional también en sí misma?

A: Oh, sí, por supuesto. La ilusión de una experiencia adicional también es única y absolutamente en sí misma. Una vez más, para nadie. La ilusión de una experiencia adicional es tan inexperimentada y no adicional como cualquier otra cosa.

Realización adicional

R: No hay ninguna comprensión adicional de lo que aparentemente está sucediendo. No hay conocimiento o conciencia adicional o llegada. No existe un amor que lo abarque todo en el que puedas convertirte conscientemente. Toda la configuración de experimentar no es algo que exista. La autoconciencia, en ese sentido, no es más que una ilusión. No hay un yo que sea consciente.

P: ¿No diría que hay conciencia?

R: Bueno, hay conciencia aparente. Sin embargo, no hay nada consciente de que haya conciencia. En ese sentido, la función de la conciencia es la totalidad como eso, pero no hay

11

conciencia de sí mismo que se experimente a sí mismo como algo que es consciente.

P: ¿No es usted consciente en este momento?

R: Bueno, quién lo sabría, o mejor dicho: ¿Quién se experimentaría a sí mismo? No hay nadie.

P: Sin embargo, ¿no diría usted que hay conciencia?

R: Bueno, en la historia, se podría decir que aparentemente hay conciencia. Sin embargo, esa conciencia no es ni quien soy ni tiene ningún significado. Es la arrogancia de la autoconciencia de elevarse y darse importancia. Sin embargo, en realidad a nadie le importa. La autoconciencia no tiene importancia, excepto dentro de su propia existencia artificial. Por tanto, es mejor hablar de "una ilusión de importancia".

P: Hmm, está bien. Pero, ¿por qué tantos profesores hablan de "estar en conciencia" o "conciencia" como "la cosa"? Para ellos, esto parece ser el más alto.

R: Bueno, por supuesto, visto desde la perspectiva del aparente yo, "yo" y "mi conciencia" es lo más importante. Y, por supuesto, en una enseñanza personal que hay que reflejar.

P: Entonces, ¿diría que todas son enseñanzas personales?

R: Al menos, esa es mi impresión. Y sí, si observa estas enseñanzas de cerca, verá que la mayoría de ellas en realidad se refieren a una experiencia de presencia. Mira, el "yo" que se da cuenta de que en realidad es pura conciencia sigue siendo el "yo". En cierto modo, está bien, pero lo que queda al final es que "la conciencia es todo lo que hay", que no es más que decir que "todo lo que hay, soy "yo". Es maravillosamente personal y maravillosamente arrogante. Sin embargo, solo refleja la experiencia personal.

P: Pero creen que han encontrado la respuesta. Y la mayoría de ellos se ven bastante felices.

R: Mientras esa creencia funcione y mientras el método de volver a la conciencia una y otra vez funcione, la persona se siente maravillosamente bien. Es como tener éxito en el camino; sin embargo, no es gratis ni fácil.

P: Pero algunos de ellos dicen que no requiere esfuerzo.

R: De hecho, dicen eso porque, como ya eres consciente, no necesitas esfuerzo para ser lo que eres. Así es en cierto modo, sin embargo, el esfuerzo es volver a ti mismo una y otra vez para no alejarte de quien eres con tu atención y todas esas cosas. Sin embargo, la experiencia de la "presencia pura" es solo otra experiencia insatisfactoria que es pasajera. A partir de ahí, naturalmente, la búsqueda continúa y la atención naturalmente se mueve a otra parte. Entonces, al final, no es nada fácil. Es solo otro juego personal. Todavía proviene de la impresión de que hay algo que eres en contraste con cosas que no eres. Y, por supuesto, la impresión de que conscientemente puedes y tienes que crear mejores circunstancias, en ese caso saber quién o qué eres en realidad.

P: Hmm. Pero, ¿ al respecto de qué es la atracción?

R: La atracción es que promete el escape definitivo. Otra parte de la atracción es que puedes experimentarla. Visto desde la perspectiva del yo, es una experiencia indiscutible. Quiero decir, la experiencia de la presencia no puede ser cuestionada por sí misma como una experiencia. Puede cuestionarse a sí mismo como una idea, como una cuestión filosófica interesante, pero nunca como una experiencia. Entonces, visto por el "yo", darse cuenta de que es pura presencia es el final del camino. No puede ir más profundo.

P: ¿Existe un "más profundo"?

R: Sí y no. Depende de cómo lo veas. Sí, porque de lo que hablamos lo que la conciencia es. No puedes saber ni experimentarlo, simplemente porque en realidad no hay un "tú" que pueda hacer eso La liberación es la muerte de la experiencia de presencia con la noción real de que nunca existió tal cosa. Dentro de la historia, podrías llamar a eso "profundizar". Visto desde la perspectiva del "yo", es como pasar de la presencia a la ausencia, que no es más que la muerte. Entonces, nadie sobrevive que pueda llegar a un nivel más profundo. Es el final de la ilusión de que alguna vez hubo alguien en un camino que fue cada vez más profundo. En ese sentido, no es más profundo en absoluto. No hay "más y más profundo". Todo eso es solo de "yo y mi camino", que no tiene ninguna realidad

P: Hmm.

La meta última.

R: Bueno, este mensaje realmente no ofrece nada, sin embargo, también puede haber una gran atracción a su alrededor. Al menos, estamos hablando acerca de la fusión de seguridad y libertad.

P: Suena como el objetivo final.

R: En cierto modo, es el objetivo final; sin embargo, para nadie. Nadie alcanzará jamás esa meta, simplemente porque es lo que naturalmente es, lo que ya es el caso. Eso es lo más atractivo: simplemente "ser".

P: Sí, eso suena bien.

R: Sin embargo, "simplemente ser" no es un estado personal. No hablamos de un estado de eseidad. No puedes hacer "solo ser". Todo lo que hay es ser, así que intentas lograr lo que ya es.

P: ¿Pero por qué es tan difícil?

R: Visto desde la perspectiva del yo aparente, no solo es difícil, es imposible. El dilema es que la sensación de ser alguien automáticamente va acompañada de una sensación de insatisfacción y, sobre todo, de una sensación de inquietud. Entonces, una experiencia de "simplemente ser" es incómoda y se siente artificial (lo cual es, por supuesto, cuando es "hecho por el "yo"). Fuera de eso, todo lo que "yo" sabe es tratar de escapar de ese estado profundo, -¡sigue siendo un estado! - en un estado más distraído y aparentemente más cómodo. Tener esa experiencia "yo" ni siquiera puede suponer que no hacer nada y "simplemente siendo" es muy divertido. El milagro es que "lo que es" es naturalmente íntegro y completo. Todos sus problemas son problemas imaginados.

P: Eso suena muy bien de nuevo. ¿No hay problemas?

A: Bueno, no reales. Los problemas son lo que son, sin embargo, nada realmente grave. Son solo la vida apareciendo como eso.

P: Mmm.

Ventaja-desventaja

R: La ilusión de que hay una ventaja en realidad es la desventaja. La ilusión de que hay algo que trae consigo la realización es la desventaja, -e incluso eso es una historia-. Porque ahora podrías pensar que es una ventaja estar sin esa ilusión, aun así, nada es mejor o peor que cualquier otra cosa. Nada es más o menos "lo que aparentemente está sucediendo" y, al ser así, nada es más o menos completo que cualquier otra cosa. Entonces, no hay ventaja en nada.

P: ¿Pero no es mejor saber esto?

R: No, no lo es. No puedes saber esto de todos modos. Saber esto es solo más saber. Es inútil e innecesario.

P: Pero, ¿no dice esto de todo su mensaje?

R: Sí, es inútil. Visto por el 'yo', que está permanentemente luchando por una ventaja, este mensaje es absolutamente inútil. Verás, incluso en mí diciendo que no hay ninguna ventaja, el yo aparente trata de saber esto para obtener una ventaja de esto. Sin embargo, ese es exactamente el sueño.

P: ¿Cuál es el sueño?

R: Que eres alguien que está aquí ahora, que está en cierto punto de tu vida y que trata de encontrar la plenitud. El cumplimiento, por supuesto, se considera una ventaja absoluta. Solo puede ser así, podríamos decir, porque la única posibilidad del "yo" es sentirse insatisfecho. Por eso está buscando.

P: Hmm, sí ...

R: Toda búsqueda, todo dando vueltas en tu historia personal, analizando cosas y todo eso solo tiene lugar dentro de esa configuración - la configuración de ser una persona-. la liberación no es algo que se encuentre dentro de esa configuración. No es que descubras que no hay ninguna ventaja. No es que descubras que no hay un "tú". La liberación es el desasimiento completo de esa configuración. Es repentino, atemporal e irreversible.

Inocencia.

P: Andreas, ¿qué significa la inocencia para ti?

A: ¿Inocencia? La realidad natural es la inocencia. Todo es simplemente inocentemente lo que es.

P: Pero incluso el "yo" y pensar en la historia personal lo es.

R: ¡Sí, por supuesto! Todo es inocentemente lo que es. No hay bien ni mal. Tampoco hay "siendoyo"(*acción de ser yo) en lugar de "solo ser". Todo es eseidad (*estado de ser, existencia).

P: Vaya. Eso suena genial.

Sin ver.

P: Tengo la impresión de que, mientras tanto, es bastante obvio que no existe un "yo".

A: Ajá, está bien. ¿Quién ve eso?

P: Hmm, no lo sé. ¿Yo? (risas)

R: Verás, la liberación no es ver algo. La liberación no proviene de ver la circunstancia "yo soy" para ser de otra circunstancia llamada "no yo". La liberación no es tomar conciencia de otra circunstancia. La "conciencia de algo" es ilusoria - no hay conciencia ni algo de lo que ser consciente -.

P: He escuchado la frase "ser consciente de ser consciente" ¿Qué opinas de eso?

A: Vamos, ese es otro tipo de juego. Es otro estado de conciencia aparente. Suena como esta cosa de "volver la atención hacia uno mismo". Sin embargo, no hay un yo que pueda cambiar y jugar con atención. Todos estos son juegos personales; no están mal, por supuesto, pero son ilusorios. No hay absolutamente nada de malo en que las cosas sean ilusorias. No hay nada de malo en nada. Lo único es que lo que se busca dentro de este sueño, la realización personal, nunca va a ser

17

alcanzado. Simplemente no existe tal cosa como una persona. No importa a qué juego estés jugando, nunca te llevará a algo más allá o a algo que sea más real y más "eso".

P: Hmm, para ser honesto, no son buenas noticias.

R: Sí, para la persona, esto no es una buena noticia, pero ¿a quién le importa la persona? Solo la persona se preocupa por la persona. Sin embargo, como no hay persona, a nadie realmente le importa. "Esto" - lo que es - es "eso". Esas son buenas noticias. Ninguna circunstancia puede traer satisfacción. Esa también es una buena noticia. No hay ninguna circunstancia en absoluto. Esas son buenas noticias. Estás esperando que algo sea real y que algo sea realmente satisfactorio. Tal vez la próxima percepcion sea real y la búsqueda termine. Tal vez el próxima pareja sea real y sea la adecuada. Quizás el próximo gurú sea real y me ayude a llegar a una circunstancia verdadera llamada liberación. ¡Olvídalo! Ni tú, el buscador, ni ninguna otra circunstancia existe. No hay conocimientos reales, ni parejas reales ni gurús reales. Nada de lo que está por venir y nada de lo que tiene que suceder "en el futuro". Esto es atemporal. Esto es eternamente nada (ninguna cosa, no-thing). El supuesto de que tu estás sucediendo ahora, ese es el sueño. Nada está sucediendo en absoluto.

P: Vaya, eso es intenso. ¿No hay una manera de abordar esto?

R: La liberación no tiene nada que ver con arrimarse o acercamiento. No hay acercamiento así como tampoco hay devenir. No hay "yo" que esté en ningún camino.

P: ¿Pero no puede haber un enfoque aparente?

R: Aparentemente, puede haber la ilusión de un acercamiento. La ilusión del "yo" asume que está en camino a la plenitud todo el tiempo. "Me estoy moviendo hacia lo real" es la ilusión de que hay alguien que está en el camino hacia lo real. Aún asi, esa es exactamente la ilusión. La liberación no es el resultado de un enfoque exitoso. La liberación no es el resultado de ningún desarrollo. La liberación es la completa implosión de toda la configuración de la búsqueda.

P: ¿Pero no tiene que haber una búsqueda?

R: Bueno, como dije, la liberación es el fin de la búsqueda por la muerte aparente del buscador. En esa muerte nada se ha encontrado, nada se ha realizado y nada se ha vuelto consciente. Todas estas son ilusiones. La liberación es un colapso sin razón. Es un desvanecimiento de la energía de búsqueda sin ninguna razón y para nadie. No queda nada más que lo que aparentemente está sucediendo, e incluso eso es para nadie. De hecho, nunca hubo nada más.

P: ¿Por qué tantos maestros lo llaman despertar o iluminación?

R: Lo llamas despertar porque es como el final de un sueño. La experiencia de ser alguien que tiene una vida no es más que una realidad soñada. Entonces, el final de ese sueño es como despertar. Sin embargo, al final, no hay nadie que se despierte porque no había nadie dormido en primer lugar. Todos los consejos para que el despertar son enseñanzas personales, y básicamente enseñan cómo despertar de los patrones de pensamiento perturbadores. En esa configuración, la persona puede tener experiencias de despertarse.

P: Parece haber una delgada línea entre despertarse para alguien y de alguien.

R: Bueno, puede verse así, pero en la historia la línea no es muy delgada: la línea es el "yo" en sí. En la configuración personal, el énfasis nuevamente está en la experiencia que trae el sentimiento de liberación. Se siente como una ganancia, como si la vida se tratara de eso. Tal vez eso sea cierto hasta cierto punto. Sin embargo, lo que la persona pasa por alto es que toda esta vida es ilusoria. En la liberación, la ruptura de los patrones de pensamiento y el correspondiente (cambios en) comportamiento también pueden ocurrir, sin embargo, no se ve obligado a suceder ni hay nadie trabajando en ello. No tiene ningún valor especial. Por supuesto, no tiene ningún valor especial de ninguna manera, sin embargo, para el yo ilusorio, existe la ilusión de valor.

P: ¿Eso importa?

A: ¿Qué importa?

P: ¿Todo lo que acaba de explicar?

R: Para nada. De cualquier manera es lo que aparentemente sucede. No hay nadie en la liberación ni hay nadie en la esclavitud. En la liberación nadie es liberado y en la esclavitud nadie está encarcelado. Esa es la liberación.

P: ¿Todavía quieres decir algo sobre la iluminación?

R: Bueno, básicamente podría decir las mismas cosas sobre la iluminación. Con respecto a ese mensaje, es importante decir que la iluminación no produce una persona iluminada. La iluminación es que no hay ninguna persona en primer lugar. Nunca ha habido una persona y nunca habrá una persona. Eso es esclarecedor, ¿no? ¿O debería decir "liberador"?

P: ¿Qué sentido tiene entonces?

R: No tiene sentido.

P: Lo acabas de decir.

Sin una experiencia.

P: Andreas, a veces dices que no hay experiencia de ello. ¿Qué quieres decir con eso?

R: Bueno, experimentar es el sueño. La experiencia de ser algo es la semilla de la separación. Es esa primera sensación de presencia y ... -¡bam! - tienes el mundo entero. Cuando hay uno, tienes dos. Cuando tienes dos, tienes tres y luego lo tienes todo.

P: ¿Puede explicar eso un poco más?

R: Bueno, ese es el comienzo de la existencia. Ese es el proceso de creación. La experiencia de la presencia es el nacimiento del "yo", de repente se produce el primer algo sutil y, automáticamente, tiene que haber algo a su alrededor. Entonces, si tienes uno, tienes dos. Pero cuando hay dos, también hay algo que los divide o los conecta: una borde, por ejemplo, o un puente. Ese es el proceso de experimentar, el proceso de vivir en la conciencia y la atención. Ahora tienes tres: el perceptor, la percepción y lo percibido. De ahí surge toda (la (ilusión de) el mundo.

P: Pero es una ilusión.

R: Sí, por supuesto. No hay creación. No hay mundo y no hay realidad artificial. Ese primer nacimiento, el surgimiento del sentido de presencia, realmente no sucedió. Nada nació y nada se separó. No hay nada que ahora se presente como algo propio, o mejor dicho: no hay nada que esté teniendo una experiencia de presencia en este momento. La separación no ocurre. Experimentar no sucede. No hay creación y no hay ilusión de creación.

21

Para nadie.

P: ¿Puede explicar un poco más lo que quiere decir con "para nadie"?

R: Bueno, "para nadie" significa que no hay un experimentado adicional para experimentar "lo que es". Puede haber la experiencia ilusoria de que una persona ilusoria este teniendo algo ilusorio, sin embargo, eso también es "lo que es".

P: ¿Pero no es real?

R: Sí, no es real. No sucede.

P: ¿No hay experiencia?

R: No, no lo hay.

P: ¿Entonces, "para nadie" se refiere a ...?

R: No se refiere a nada. Sin embargo, lo que busca el yo aparente es una experiencia. Todo lo que vale la pena para el "yo" es una experiencia. La afirmación de que la unidad no es para nadie es casi un insulto para el "yo". Todo lo que anhela es experimentar su realización. Nunca lo hará porque no es para nadie.

P: ¿Qué está experimentando?

R: Esa es la ilusión porque no existe tal cosa. " Yo experimento algo" es el sueño. En esa configuración, parece haber una distancia entre un experimentador y lo experimentado. Eso simplemente no ocurre.

P: ¿Cómo puedo ver eso?

R: No puedes. Mira, lo que estás buscando es otra experiencia: la experiencia de ver a través de la ilusión.

P: Eso es cierto.

R: Pero no hay ilusión. Este "yo soy" es la ilusión, pero como no hay un "yo soy" real, tampoco hay ilusión. La separación no es real.

P: ¿Pero qué debo hacer con eso?

R: No puedes hacer nada con eso. Se oye o no, por cierto, ambos son unidad, y de ninguna manera hay un "yo" involucrado, sin embargo, estas son dos posibilidades aparentes. Bueno, lo de "oír" es una historia, por supuesto.

P: Entonces, suena como un método.

R: Sí, puede parecer uno, pero no lo es. Uno de los aspectos principales de que esto no es un método es que no hay intención, nadie lo hace para crear un efecto para ti. De hecho, todo efecto es ilusorio.

P: Pero acaba de decir que tal vez sea oido.

R: Lo que sería una historia. Nada tiene que ser oido po supuesto, sin embargo, como historia, parece haber una posibilidad aparente de una comprensión instantánea o una obviedad de lo que se está diciendo aquí. Nadie puede hacerlo. Ni siquiera es algo real, sin embargo, el yo aparente podría morir en esa obviedad.

P: Pero eso también es una historia.

R: Por supuesto que lo es. Todo lo que diga es una historia.

P: ¿No hay verdad?

R: No, no lo hay. En primer lugar, no hay un suceso real, así que sí, no hay verdad.

¿Cómo?

P: ¿Cómo liberarse de la prisión de la conciencia?

R: No hay conciencia real. Ese es el estallido (brote).

P: ¿Pero cómo puedo hacer eso?

R: No puedes. Es el que vive en presencia el que quiere escapar de su presencia para estar presente con su ausencia. ¡Olvídalo! No hay nada de lo que escapar y nada que pueda escapar.

P: Hmm.

R: si.

P: Entonces, ¿no hay forma de liberarse de nada?

R: No, no lo hay. La libertad es todo lo que hay, si quieres, pero para nadie.

P: ¿No hay conciencia?

R: Bueno, puede haber conciencia aparente, sin embargo, lo que probablemente consideres como conciencia es "Yo soy". Pero esa autoconciencia es ilusoria. No hay "yo soy", lo que significa que no hay conciencia.

P: ¿Qué es entonces la liberación?

R: En realidad, nada. Como historia, es la muerte ilusoria de una presencia ilusoria.

P: ¿Por qué es una muerte ilusoria?

R: Porque la presencia que muere nunca estuvo realmente presente en primer lugar.

P: ¿Qué puedo hacer con esta información?

R: No puedes hacer nada con él. No sirve de nada. Bueno, tal vez puedas convertirte en profesor de filosofía. (risas) Solo estoy señalando lo que ya es. Respecto al aparente buscador, es inútil.

P: Pero sentado aquí, también parece haber una libertad en torno a eso.

R: La libertad es lo que ya es.

P: Y paz.

R: Sí, y paz. La libertad y la paz van juntas. Esto es libre y completo, es aventura y seguridad.

P: Vaya, eso suena maravilloso.

R: Sí, lo es. Sin embargo, para nadie.

P: ¿Hay algo de descanso en eso?

R: No, no lo hay. No hay descanso en eso a ningún nivel. Es eso, pero no hay nadie descansando ahi. No hay descanso. Tampoco hay ruptura de eso, no hay "separacion". Es simplemente todo lo que hay.

P: Pero hay muchas enseñanzas que dicen que debes o permanecer como eso.

R: Estas son enseñanzas personales. ¿Quién necesita o podría descansar o descansar en algo si no hay nadie allí para hacerlo? Nadie necesita hacer ni ser nada. Ya está completo.

P: Pero mi experiencia es diferente.

R: Eso también ya está completo.

P: No lo entiendo.

R: Sí, eso también es integridad.

P: Pero quiero conseguirlo.

R: Totalidad. ¿Lo ves? No hay escapatoria. Eso es todo lo que aparentemente sucede. Ya está completo y es libre, sin embargo, para nadie. Nadie ve eso. Nadie permanece en eso. Es simplemente "lo que es".

P: Hmm.

R: Todo lo que hay es "lo que es", que no es nada como esto, eternamente allí y no allí.

P: Hmm.

R: Sí, nunca obtendrás esto.

P: ¿tú lo obtuviste?

R: No, por supuesto que no.

P: ¿Qué te pasó entonces?

R: No me pasó nada. Acabo de morirme. Pero yo tampoco hice eso. Eso es lo que aparentemente sucedió, de nuevo, para nadie.

Verdadero YO.

P: Andreas, estoy buscando mi verdadero yo. ¿Qué puedes decir acerca de esto?

R: No hay un verdadero yo.

P: Muchos maestros dicen que el verdadero yo es la conciencia.

R: Bueno, "yo" puede reconocerse a sí mismo como conciencia, sin embargo, eso todavía está dentro de la historia. Todavía es algo que se reconoce a sí mismo como algo. Eso es absolutamente personal.

P: ¿Se podría llamar a eso "verdadero yo"?

R: Bueno, sí, en cierto modo se podría decir. La conciencia es lo el yo es. Es pura conciencia cuando no hay historia. Entonces es simplemente "yo soy" puro. Sin embargo, no puede ver que es ilusorio.

P: ¿Por qué es ilusorio?

R: Por ningún motivo. Todo es real e irreal, así es como aparentemente es. Es así sin ninguna razón.

P: ¿"Qué es" no se reconoce a sí mismo?

R: No, no es así. "Lo que es" no se reconoce a sí mismo como algo. Simplemente es lo que es, sin necesidad de reconocimiento.

P: ¿Algún reconocimiento es parte de una historia?

A: Oh, sí, absolutamente. Eso es lo que quiero decir. La conciencia es un sueño. No es real. ¿Por qué? Sin razón. ¿Puedes ir allí? Claro que no. ¿Quién podría hacerlo cuando no hay nadie? Todo esto de "reconocerse o conocerse a sí mismo" tiene lugar dentro de una configuración personal. Todo tiene lugar dentro de una experiencia de presencia. Todo lo que "yo" sabe es presencia. Todo lo que "yo" sabe es "yo", así que, mediante una investigación personal, todo lo que puede hacer es descubrir que todo lo que hay es conciencia, lo que no significa nada más que "todo lo que hay, soy yo". Es absolutamente asombroso cómo "yo" convierte este mensaje en un mensaje completamente personal.

"Estoy aquí ahora" es el sueño. "Soy consciente de estar aquí y ahora" es una ilusión. Aquello que se experimenta a sí mismo como presente no puede conocer su ausencia. No hay un verdadero yo por conocer. No hay nada que esté aquí. Por eso digo que la liberación es la muerte, no es algo que le pase a alguien. Es la muerte repentina y final de la ilusión de ser alguien. No queda nada, todo queda. Es libre y es total.

Presencia.

R: Cada experiencia de presencia es sufrimiento, yo diría. Cada experiencia de ser algo que es (algo separado en oposición a otras cosas "allá afuera") esta naturalmente desolado.

P: ¿Pero por qué es así?

R: Sin una razón real. Como historia, se podría decir que es por la experiencia de la separación. Sin embargo, no hay una razón real para ello. Es solo lo que aparentemente sucede. Cada sensación de presencia va acompañada de una sutil sensación de insatisfacción, de ahí surge la búsqueda.

P: Entonces, ¿cuál es la solución a esto?

R: No hay ninguna. No hay solución para esto. Primero, porque eso es lo que aparentemente sucede; segundo, porque esa experiencia de presencia es ilusoria. No es tan real como lo había experimentado. Sin embargo, esa tampoco es una solución.

P: ¿Eso significa que en realidad estoy condenado?

R: Bueno, no hay un "tú" que esté realmente condenado, pero sí: "Yo" aparentemente está condenado a ser "yo". "Yo" no puede convertirse en "no-yo".

P: Entonces, ¿eso significa simplemente seguir buscando?

R: Esa es otra solución "yo", que no resuelve nada, pero sí, siempre que hay una experiencia de presencia, habrá algún tipo de búsqueda.

P: Pero no hay búsqueda cuando no hay historia.

R:¿Qué es entonces?

P: Silencio. Entonces solo hay silencio.

R: Sí, pero ¿por cuánto tiempo?

P: No lo sé, ciertamente por un tiempo. Se supone que debe estar siempre ahí.

R: Sí, se supone que es ...¿Pero estás siempre ahí?

P: No, no estoy. Pero estoy practicando.

R: Mira, de lo que estás hablando es de la experiencia de no tener historia durante un tiempo. Sin embargo, es transitorio y necesita trabajarse.

P: ¿Qué trabajo?

R: No lo sé. Acabas de decir que estás practicando.

P: Sí, es volver al silencio.

R: Entonces, es algo personal. Eres "tú" yendo y viniendo, y eres consciente de lo uno y lo otro. Todo eso está en la historia y no tiene nada que ver con la liberación en absoluto. Todo es acerca de que "ti" y encontrar una salida a tu miseria.

P: ¿Qué sugieres?

R: Nada. No digo "haz eso" o "no hagas eso". En realidad, no lo sé y no me importa. No hay nadie a quien salvar. Todo eso de que "estoy en el sufrimiento y tengo que salir" es una ilusión. Puedo ver que así es para ti, sin embargo, sugerir cosas simplemente perpetuaría ese sueño. De hecho, simplemente no sucede, al final, sin una razón real.

P: ¿Qué es entonces la liberación?

R: El fin de la experiencia de la presencia como única realidad.

P: Hmm.

R: Sin ninguna razón, por supuesto. No es el final del camino. Es el final de quien se asume ser alguien en un camino.

P: Sí, lo entiendo. Pero lo que realmente somos, la conciencia pura, tampoco está en un camino. No entiendo por qué dices que la conciencia también es el sueño.

R: La "conciencia pura" sigue siendo el "yo" consciente de todo "lo demás". "Yo" es conciencia o más bien: una experiencia de solo ser conciencia.

P: No, la conciencia es impersonal y eterna.

R: ¿Quién sabe eso? Te refieres a una experiencia.

P: Pero yo soy eso.

R: Sí, cierto. Eso es lo que dije. Esto es lo que "tu" eres, o mejor dicho: esta es la experiencia de "yo soy": la conciencia es "lo que soy" y "yo" resido por encima o más allá de todo "lo demás". Ciertamente puede existir sin una historia personal por un tiempo. Por eso puede parecer impersonal. De esa experiencia puede surgir la convicción de que eso es lo que soy naturalmente y si practico lo suficiente, siempre puedo saberlo y experimentarlo. Es una mierda.

P: ¿Por qué?

R: Porque no es real. No hay presencia eterna. Es solo una ilusión. Si agrega la experiencia del tiempo a la experiencia de la presencia, terminará con cosas como "eterno" o "siempre ahora". Una vez más, estas son convicciones que surgen de la experiencia personal.

P: Hmm. ¿Qué hay que saber entonces?

A: Nada. No hay nada que saber.

P: ¿Hay algo para ser?

R: No, tampoco hay nada para ser. No hay un tú que pueda saber o ser conscientemente algo. Todos estos serían estados y no necesarios en absoluto. "Lo que es" y "lo que aparentemente está sucediendo" ya es sin esfuerzo en sí mismo. Todo sucede solo, incluyéndote a ti. Sin embargo, para nadie

Confundido.

P: Andreas, estoy totalmente confundido. ¿Hay una ilusión de "yo" o no hay una ilusión de "yo"?

R: Aparentemente, hay uno.

P: ¿Eh?

R: Mira, "tú" no lo entiendes. ¿Quién quiere saber? No hay respuesta para esto. No hay respuesta para nada. ¿Quién podría saberlo? No hay nadie allí.

P: Entonces, ¿no se puede saber nada?

R: Sí, exactamente. No se puede saber nada. No hay nada que se pueda saber y nadie que sepa.

P: Entonces, ¿quién sabe eso?

R: Nadie, por supuesto.

P: Es divertidísimo.

R: Sí, lo es. Todo conocimiento necesita un punto de vista desde el cual las cosas se conocen. Sin embargo, no hay ningún punto de vista. ¿Quién, o qué, debería saberlo? La unidad es bellamente ignorante, simplemente porque no hay nada más.

P: ¿Se conoce a sí mismo?

R: En realidad, no. Simplemente es si mismo. Sabes (risas), "sentarse en esta sala" es perfectamente en sí mismo, no hay conocimiento real de ningún tipo en eso. Simplemente es lo que es.

P: Entonces, ¿todo es lo que es?

R: Oh, sí, absolutamente.

P: Eso es realmente simple.

R: Sí, lo es.

Inútil.

P: Andreas, hoy noté la inutilidad de tu mensaje. Siempre he pensado que hay algún uso o significado en que digas que es inútil. No, es simplemente inútil.

R: Oh, sí, es jodidamente inútil. (risas). Solo puede ser inútil simplemente porque ya es así. Esto ya lo es todo. Ya no existe un "yo". Esto, no es real en primer lugar.

P: Oh, Dios mío. Te escuché decir esto, pero todavía pensé que se trata de algo importante.

R: No, no lo es en absoluto. No hay ningún cambio real. Esto, -lo que es-, no avanza hacia un mejor "esto". El progreso es "eso", el fracaso es "eso". Ningún cambio cambia algo, esa es la libertad y la totalidad de eso.

P: Eso es realmente asombroso.

R: Sí, lo es.

P: Ahora puedo hacer lo que quiera.

R: Sí, puedes, aparte de eso, no hay nadie. quién podría hacer lo que quiera. Pero sí, nada realmente cambiará nada. Seguirás siendo lo que ya eres.

P: Es genial saberlo.

R: Sí, pero ... nunca lo sabrás. La liberación no es que lo sepas. El yo aparente podría pensar que conocer eso es un lugar de refugio.

P: Ah, sí, no hay nadie.

R: Sí, eres lo que eres sin tener la experiencia de ser lo que eres. En ese sentido, es mejor decir que todo lo que hay es lo que aparentemente sucede. Nadie sabe lo que es, nadie sabe cómo es y nadie sabe siquiera si algo es en absoluto. Ahora volvemos a la inutilidad.

P: (risas) .

Sobre las palabras.

P: Te he escuchado decir "todo lo que hay, es nada" varias veces. Algunos maestros dicen que todo lo que hay es conciencia. ¿Dónde está la diferencia? ¿No eres a veces un poco quisquilloso con las palabras? ¿Se trata de las palabras correctas?

R: No, por supuesto, no se trata de las palabras. Sin embargo, cuando digo que todo lo que hay es nada, para mí es diferente a decir que todo lo que hay es conciencia. Por supuesto, no sé qué quiere decir nadie al decir eso, sin embargo, mi impresión es que quienquiera que use la palabra conciencia exactamente quiere decir eso. De esa manera, es simplemente imposible para mí decir simplemente que todo lo que hay es conciencia. De lo que hablo es, por así decirlo, antes de la conciencia. De lo que hablo no es de la conciencia: nada es lo que es la conciencia. Entonces, la conciencia no lo es todo. La conciencia es "ninguna-cosa" pareciendo como conciencia. Esto también es lo que aparentemente sucede. Sin embargo, no es lo que soy. Lo que soy es lo que es la conciencia, sin embargo, aun así, sin tener la experiencia de serlo. La experiencia de la conciencia es otra experiencia personal.

P: Pero muchos maestros dicen que esta conciencia es impersonal.

R: Sí, es cierto. Pero si les pregunta dónde se encuentra esa conciencia, señalan su cuerpo diciendo "está aquí".

P: Bueno, es cierto. Pero algunos profesores incluso dicen que esta conciencia está en todas partes.

R: Sí, entonces todavía está en alguna parte. Esa declaración en realidad proviene de una conclusión. Porque en la experiencia de "Soy consciente" incluso se puede decir que la conciencia está en todas partes. No se puede decir dónde no está, porque uno es consciente de todos estas cosas. Entonces, dondequiera que estén las cosas, también debe haber conciencia. Sin embargo, el centro de la conciencia todavía se experimenta como si estuviera en el cuerpo. Mira, incluso entonces se refiere a la configuración de la experiencia, no la hemos dejado todavía.

P: Bien, ¿qué es la liberación entonces?

R: La liberación es el final de la experiencia para ser "algo que es", algo específico. Sin embargo, "tu" (el yo) no puedes ir allí. "Tú" no puede hacerlo. La liberación es un accidente. Sucede - aparentemente - o no. Nada puede provocarlo, pero nada puede evitar que suceda tampoco.

P: Una pregunta más sobre esta cosa de la conciencia. ¿Por qué dicen que es impersonal?

R: Puede parecer impersonal porque no tiene o está separado de la historia personal. Para la mayoría de los maestros, la iluminación es cuando descubres que no eres tu historia, y para algunas personas, esta es una revelación muy intensa. Sin embargo, al final es solo otra experiencia personal. Va de "Yo soy más historia" a "Yo soy sin historia", pero sigue siendo "Yo soy". Se siente impersonal, pero no lo es (por supuesto que lo es). Por lo general, no es permanente de todos modos. Por eso ahora debes ser consciente de no volver a perderte en tu historia. (risas)
La liberación no se siente impersonal. Simplemente no hay ninguna persona, incluso si parece ser personal. Incluso si parece haber un Andreas que quiere esto o aquello, no hay ninguna persona detrás de eso. La persona es una ilusión. No existe.
Ser con una historia o sin una historia, ¿a quién le importa? ¿Quién vive en la conciencia de que hay una historia o no? ¿Quién vive en la discriminación real entre esos dos? Mira, todo eso son cosas personales. De hecho, a nadie le importa. De hecho, nadie se molesta. Historia o sin historia, personal o impersonal, no hace una diferencia real. Todo es "esto".

Configuración separada.

P: Andreas, ¿puedes describir la configuración separada?

R: Sí y no. Es una historia, por cierto, porque no existe nada parecido a una configuración separada. Sin embargo, visto desde la perspectiva aparente de la persona, la experiencia es que soy algo "aquí" o más bien: en el cuerpo, y todo lo demás son cosas ahí afuera. Y todo lo que hago es vivir en la experiencia, en dirección, atención y foco. Esa es la configuración separada, visto desde el "yo", esto es todo lo que conoce.

P:¿ Pero?

R: Pero es ilusoria.

P: ¿Que quieres decir con eso?

R: Que no existe.

P: ¿Qué quieres decir con eso?

R: Con eso quiero decir que es una ilusión que haya alguien.

P: Pero esta la experiencia de que hay alguien.

R: Aparentemente sí, pero para nadie.

P: Hmm...

R: Bueno , lo único que sabe que hay una experiencia el el "YO". Mas como el "yo" es ilusorio, el asumir que hay un "yo" también lo es.

P: ¿Hay un "yo" ahora o no?

R: No, claro que no. No está allí.

P: No entiendo eso.

R: Sí, es verdad. No es porque no seas capaz intelectualmente. Simplemente contradice toda tu experiencia. La experiencia del "yo" es presencia. Yo estoy diciendo que esta presencia es ilusoria. El intento de comprender ,otra vez, sale del sentido de presencia para llegar a una real comprensión. Mas es imposible porque no hay una presencia real.

P: ¿Entonces hay una ilusión del "yo"?

R: No, no la hay. Cuando digo que no hay "yo", esto significa que tampoco hay una ilusión. Esto es "eso" - incondicionalmente! No hay nada de lo que despertar, nada que sanar, y no hay ilusión a travez de la que buscar. Es simple porque "eso" simplemente sucede; es simplemente lo que esta sucediendo.

Complicado.

P: ¿Hay un "yo" ahora o no?

R: No, por supuesto que no. No está ahí.

P: No lo entiendo.

P: Lo que usted habla parece ser muy complicado. No entiendo nada.

R: En realidad, no es nada complicado. No hay nada que entender. Visto por el aparente yo, todo parece muy complicado porque ese es exactamente el mundo en el cual asume vivir : un mundo real y complicado que está hecho de numerosas partes, procesos, interconexiones, realidades; en resumen: cosas que pueden - al menos potencialmente - ser conocidas y comprendidas. "Tengo que pensar en eso y recordar esto y no olvidar aquello" y así sucesivamente. Todo eso no existe. No hay un mundo real hecho de partes. No hay un mundo real hecho de cosas. Esto es indiviso y literalmente indiferente, es una apariencia, por así decirlo. Una apariencia aparente, por supuesto.

P: ¿ "Una apariencia aparente"? ¿Qué demonios es eso? (risas)

R: Eso es lo que es naturalmente. (se ríe también)

P: ¿Por qué? (aún riendo)

A: ¡Sin razón! No hay ninguna razón para que sea como es. Es sin causa e ilógico.

P: ¿Hay algo que no sea "aparente"?

R: No, no lo hay. No hay nada. Ya sabes, de lo que hablamos es de esto: estar sentado aquí, hablar, ser tú, ser yo, es absolutamente simple. Ya está sucediendo. No necesita ni conocimiento ni comprensión.
Simplemente es como es.

P: Eso es maravilloso en realidad.

R: Absolutamente.

Libertad.

P: Muy a menudo hablamos de libertad, pero ¿qué tipo de libertad es cuando no tengo la opción de hacer lo que quiero?

R: Sí, Así es, en ese sentido, no hay libertad en absoluto. Por supuesto, estás hablando de una libertad personal. Todo lo que es, es nada apareciendo como aparece. Es libre para ser como es, no se requiere nada para que sea como es, y está absolutamente ligado a ser como es. No hay elección en ninguna parte, o mejor dicho: ya está todo elegido. Por supuesto, al aparente yo le encantaría que hubiera libertad personal. O piensa en la libertad para poder actuar como quiera o está persiguiendo la libertad como una experiencia, un sentimiento de libertad. La liberación no es ninguna de esas cosas.

P: ¿pero para que hablar para nada de liberación?

R: Es solo una palabra. Por supuesto, se podría decir que la muerte del 'yo soy' es liberación porque libera de ese sentimiento de la realidad. Libera de ese impulso neurótico que solo existe dentro de su realidad artificial de búsqueda desesperada. Sin embargo, la liberación no produce una entidad liberada. Lo que queda no es ni libre ni limitado, sino lo que aparentemente sucede. También se podría decir que es libre y está atado: "Lo que está sucediendo" es libre en su ser irreal y está atado en su ser real.

P: ¿Es "lo que es" real o irreal?

R: Es real e irreal. Por eso digo "nada" (ninguna -cosa). "Lo que es" ni siquiera es un "eso". No hay "eso".

P: Si alguna vez pudiera conseguir eso ...

R: ¿Cuál "eso"? No hay un "eso" para conseguir. Todo lo que hay es esto: sentarse aquí juntos y hablar, eso es nada. No se puede conseguir, porque "eso" no es nada.

P: ¿Es eso real e irreal?

R: Sí, por supuesto. Eso es todo lo que hay.

P: Eso es asombroso.

R: Sí, lo es.

Realidad.

P: ¿Qué pasa con la realidad?

R: Sí, esa es una buena pregunta. ¿Hay algo real? Y sí, no hay respuesta a esto. ¿Quién podría saberlo? ¿Quién estaría ahí para conocer o experimentar esta realidad y poder responder? ¿Quién estaría allí para hacer esa pregunta? Entonces, sí, olvídalo. O no lo olvides, ¿A quién le importa?

P: Pero creo que debería saber.

R: Sí, eso es posible, o más bien: Eso es lo que aparentemente está sucediendo. No está mal; es la totalidad perfecta en sí misma, sin embargo, es una pregunta de el sueño y todo lo que puede obtener son respuestas de el sueño. Nunca se sabrá.

P: ¿Por qué nunca se sabrá?

R: Nunca se sabrá, porque no hay nadie para saber. Es exactamente ese punto de vista de observación lo que es ilusorio. No es real en primer lugar, por lo que todas las conclusiones que puedan surgir de él tampoco lo son. Esto no hace que la necesidad de saber sea incorrecta, simplemente es lo que es.

P: ¿Y qué es?

R: No-cosa.

P: ¿Pero pensé que uno no puede saberlo?

R: Sí, es cierto. "Lo que es" no se puede saber, por eso lo llamo nada o no-cosa. "Esto", sentarse en una habitación y hablar sobre la unidad, no puede ser conocido. Intente saber "nada" y no funcionará. No dice nada.

P: Entonces, ¿toda esta conversación es inútil?

R: Sí, lo es. Por supuesto que es. El cambio que puede provocar es ilusorio, e inútil, por supuesto. Ya está completo, ya estaba completo y ya estará completo.

P: Oh, hombre, vamos, ¿quién sabe esto?

R: Nadie sabe esto. ¿Quién podría saber esto? Todavía estás soñando con una realización personal. Sin embargo, como esa persona es una ilusión, la realización de la persona también debe ser una ilusión.

P: ¿Qué hacer entonces? ¿Sólo vivir?

R: Sí, ¿por qué no? La buena noticia es que no es necesario que lo haga. "Solo vivir" aparentemente ya está sucediendo. No hay "Usted" que tiene que hacerlo o que incluso podría hacerlo. Vivir conscientemente es la ilusión.

P: Hmm.

Rendirse

P: Hola Andreas, quiero rendirme a Dios.

R: ¡¿Quién crees que eres para pensar que puedes rendirte a Dios ?! ¡Rendirse a Dios es arrogancia! ¿Crees que eres tan grande que incluso puedes hacer eso? Olvídalo. Este "yo" que quiere hacer "rendirse a Dios" es una ilusión. No existe. Eso, se podría decir, es la verdadera entrega: sin nada a lo que rendirse y nadie para hacer eso. Lo que es, ya está dado –aparentemente- exactamente como es. No necesita su rendición.

P: ¿No te rendiste de alguna manera?

R: La rendición es la muerte, podríamos decir. Es la muerte del que cree que podría o debería rendirse. Pero es la vida misma la que hace eso. Cuando la vida tiene suficiente de ti, te mata. Eso es liberación. No es un éxito ni algo que alguien haga. "Yo" no puede rendirse, simplemente porque no está allí.

P: Pero quiere rendirse.

R: Sí y no. Sí, quiere una experiencia de haberse rendido. Quiere rendirse para estar en un estado de rendición, que se supone que de alguna manera se siente mejor. Sin embargo, no quiere morir.

P: Eso es cierto.

R: Y ni siquiera digo que debas querer morir. . No, no deberías. Toda tu existencia no es más que un sueño, no hay nada bueno o malo en eso. Simplemente es lo que es.

P: ¿Qué es?

A: Nadie lo sabe. No hay nadie ahí para saber.

P: ¿Nadie sabe "qué es"?

R: Por supuesto que no. Sin embargo, no es que haya alguien que no sepa "lo que es". No hay nadie allí para saber nada en primer lugar.

P: ¿Es entonces más como una experiencia pura sin una historia?

R: Ni siquiera es experiencia. Experimentar es saber, el aparente saber que soy algo que está experimentando algo mas. No saber en realidad significa no experimentar, ni un yo ni otra cosa, ni un "aquí" ni un "allí".

P: ¿Qué hay de malo en experimentar?

R: No hay nada de malo en eso. Simplemente no es real. Experimentar no ser real, por cierto, tampoco está mal. Todo es simplemente lo que es.

Dejar ir

P: Algunas personas dicen que la liberación es como vivir en un "dejar ir".

R: Sí, lo es, pero no como un estado personal. No se trata de que alguien lo deje ir con humildad. "Dejar ir" es la realidad natural, por así decirlo. Todo ya está suelto, un aparente juego de lo que está sucediendo. Eso es. Eso es todo lo que hay.

P: ¿Pero no puedo dejar ir?

R: Oh, no, no hay nadie que pueda o deba dejar ir. Sería otra idea de una realización personal adicional. Estás soñando con un estado iluminado de "haber dejado ir". Olvídalo, no existe.

P: ¿Pero por qué es tan popular?

R: Como todos los métodos, a veces parece funcionar a veces. En ocaciones, cuando estás ocupado con un problema y dejar ir sucede, piensas que creaste esa maravillosa experiencia de liberación. Sutilmente, confundes y crees que la liberación sea una experiencia más total de "dejar ir". ¿Lo ves? Se supone que solo es otra experiencia. Como si todo su pequeño "soltar" exitoso condujera a un "soltar" final más grande. Todo eso está dando vueltas en el mundo del sueño de la persona. La experiencia del estrés es reemplazada por una experiencia de soltar/liberar. Sin embargo, todavía está aprisionado en el "yo".

P: ¿Qué es entonces la liberación?

R: La liberación es cuando la vida te deja ir. Cuando la vida tenga suficiente de ti y de tu sufrimiento (risas). Pero luego resulta que nunca hubo alguien viviendo en un "agarre". Ya todo ya es ilimitado.

P: ¿ "Todo"?

R: Bueno, no hay "todo".

No deseado.

P: Cuando te escucho hablar de que no hay ninguna experiencia, esto me suena bastante muerto y aburrido en lugar de algo que esperaría con ansias. .

R: Oh, sí, tienes razón. La muerte no le parece atractiva a "yo" y, desde esta perspectiva aparente, la liberación no es nada más que muerte. Ya sabes, lo que el "yo" concibe como "estar vivo" es la configuración de la experiencia. "Experimento algo" es estar vivo. Entonces, sí, el final de experimentar, no parece nada atractivo.

P: Hmm, sí.

R: Ni siquiera digo que debas quererlo. "Yo" no quiere morir. Así es como es.

P: ¿Pero quiere satisfacción, o?

R: Bueno, quiere una experiencia de algo que cree que sería satisfactorio.

P: Sí, eso es cierto.

R: Todo lo que 'yo' quiere es estar ahí en con el fin de, con suerte, experimentar la plenitud algún día. Hasta entonces, lo mínimo que tiene que hacer es sobrevivir. Lo segundo importante es buscar, de lo contrario se le podría culpar por no haber hecho lo suficiente. Quiero decir, ¿solo contarías con la gracia? (Risas)

Sin presencia, sin ausencia.

P: ¿Hay algo parecido a la liberación o no?

R: Dentro de la historia parece haber algo parecido a la liberación. Sin embargo, no es realmente real. No es otro estado que puedas lograr o conseguir. Los estados mismos no tienen ninguna realidad en absoluto, y la liberación es cuando esto se hace ovio o, más bien, cuando la ilusión de que la vida significa experimentar algo se disuelve. Lo extraño es que en esa disolución resulta que la experiencia no sucedió en primer lugar. Nunca hubo separación. Y nunca hubo ninguna pregunta.

P: Entonces, ¿ya no tienes preguntas?

R: No, en realidad no. Puede haber preguntas funcionales, sin embargo, no hay nadie que asuma satisfacción en la respuesta.

Cuando hay una energía de búsqueda, hay una indagación en la pregunta para llegar a una experiencia de alivio al encontrar la respuesta. El yo aparente piensa que este momento de alivio es algo real y de alguna manera permanente, y que dio otro paso hacia su objetivo de realización personal. Sin embargo, ese es el sueño. No hay realización personal. No puede ser, simplemente porque no hay ninguna persona. Hacer preguntas ya es "eso", sin embargo, no hay satisfacción en obtener respuestas. O podríamos decir que solo hay satisfacción, tanto en las preguntas como en las respuestas, pero eso, por supuesto, lo pasa por alto la energía de búsqueda.

P: ¿Por qué no hay respuestas?

R: No hay respuesta, porque no hay un suceso real en primer lugar. Pueden aparecer preguntas y pueden surgir respuestas. Sin embargo, ya son lo que aparentemente sucede y no se refieren a un suceso real.

P: ¿Hay un suceso real en absoluto?

R: No, no lo hay.

P: Hmm. Pero, ¿cómo puedes decir eso?

R: Bueno, no puedo decir eso, aun así, esa es la respuesta que surge. Otra forma de decirlo es que morí. Estas respuestas parecen surgir de esa aparente muerte. Pero mira, todavía es lo que aparentemente sucede. No hay nada "más".

P: ¿Dice que está en un lugar diferente? ¿Como un lugar iluminado?

R: No, no lo tengo. La liberación es un no-lugar, por así decirlo. No hay nadie que se sienta a sí mismo como algo que está ahora aquí. Dentro de la historia, "yo" morí.

P: ¿Y yo no lo hice?

R: Bueno, eso es lo que parece estar pasando al menos, "Tú"diciendo que eres alguien. Por mi parte, no existe tal afirmación.

P: ¿No dijiste que no hay nadie ?

R: Sí, lo hice, o más bien eso es lo que aparentemente sucede. Sin embargo, para ser honesto, no surge de una experiencia o conciencia. Aparentemente, es una respuesta "directa". No hay conciencia en decir que hay un cierto estado en el que estoy. No hay nadie.

P: ¿Pero no dices que no hay nadie a tu lado?

R: Bueno, sí y no. En cierto modo, eso es lo que aparentemente sucede, sin embargo, no proviene de una experiencia. La liberación no es la conciencia de que no hay nadie. Simplemente no hay nadie de mi lado ni tampoco de tu lado. Cuando me refiero a que no hay nadie, no me refiero a otro estado. El yo aparente podría asumir que me refiero a otra circunstancia. Experimenta su presencia como una circunstancia real. Al escucharme hablar sobre "no-yo", se puede suponer que estoy hablando de otra circunstancia, de alguna manera opuesta. Estas dos circunstancias serían presencia y ausencia. Sin embargo, no hay nada presente en primer lugar. El aparente dilema en el que vive esta presencia - la búsqueda de la totalidad - no será respondida por otra circunstancia llamada ausencia. Toda la idea de presencia y ausencia, "yo" y "no-yo" sólo tiene lugar para esa presencia supuesta. La presencia de 'yo' no es una circunstancia real, por lo tanto, la ausencia de 'yo' tampoco es una circunstancia real. Por eso todas estas religiones y tradiciones básicamente fallan. No hay un 'yo' y todo ese trabajo, trascender indagar, tratar de encontrar y comprender el "yo" es inútil. Simplemente mantiene al aparente yo ocupado en la búsqueda, no que pudiera hacer de otra manera. Eso es lo que hace de todos modos, esa es su única función, por así decirlo. Sin embargo, dentro de esa investigación parece tener intuiciones, llegar a conclusiones, experimentar claridad y todo eso. Puede sentir como tener éxito y seguir adelante. Sin embargo, es más bien ir en círculos y nunca encontrar respuestas reales. Todo gira en torno a una realidad soñada. "Yo" nunca será encontrado. "Yo" nunca será entendido. "Yo" nunca morirá. Cuando digo que "yo" morí, es una mera historia. Nadie vivió y nadie vive, así que, ¿quién podría irse realmente?

P: Hmm. ¿Pero qué es la liberación entonces?

R: La muerte dei "yo" y una historia.

Conciencia.

P: Andreas, a veces dices que no hay conciencia. Realmente no creo eso, especialmente cuando dices que en realidad es todo lo que hay.

R: Sí, está bien. En cierto modo, hay conciencia, sin embargo, no es nada. No hay experiencia de conciencia y no hay nadie que se experimente a sí mismo como conciencia. Es simplemente lo que aparentemente sucede, sin embargo, como todo lo demás, está despejado por la experiencia de ser eso.

P: Entonces, ¿es conciencia impersonal?

R: Sí, se podría decir.

P: ¿Por qué dice "uno podría decir eso"?

R: Porque todavía no existe algo llamado conciencia. Sigue siendo diferente, aparentemente, por supuesto, de las llamadas enseñanzas de la conciencia, que dicen que eres conciencia en contraste de lo que esta conciencia es consciente.

P: Ajá, está bien.

R: Estas enseñanzas de la conciencia a menudo también hablan de la conciencia impersonal. A lo que en realidad se refieren es a la experiencia de ser conciencia como la única realidad, mientras que todo es solo una apariencia que sucede para esa conciencia. Esta configuración es simplemente "Yo soy" sin una historia personal, que es solo mirar. Visto a la luz del "yo" mensaje, aún sería una conciencia personal que solo parece ser impersonal porque no hay una historia personal en marcha.

P: Pero eso es bastante frecuente.

R: Oh, sí. De eso se trata mucho de la espiritualidad. El yo aparente descubre que no es su historia, sino la conciencia "impersonal". En cierto modo, es incluso correcto, "Yo" es conciencia o más bien: una experiencia de solo ser conciencia. Eso es separación.

P: Pero en realidad se siente bien.

R: Sí y no. En realidad, se siente bien solo por un tiempo. Al principio, se siente muy relajante porque es una aparente liberación de la historia personal. De repente, no hay pensamientos sobre mi vida, mi pareja, mis hijos, mis logros y mis problemas. De repente, hay silencio y lo experimento. Qué maravilloso. Sin embargo, tarde o temprano, en realidad muy pronto, diría yo, se vuelve un poco desagradable, ya sea aburrido o impaciente. Entonces, la atención se mueve de ser conciencia a la historia.

P: ¿Es eso inevitable?

R: Sí, lo es. Una de las ideas espirituales es que puedes volver conscientemente de la historia a la conciencia y, finalmente, conocerte a ti mismo como conciencia y / o aprender a permanecer así. Incluso puede parecer que funciona durante algún tiempo, sin embargo, permanecer como algo es un estado que necesita esfuerzo.

P: ¿Puede volverse más fácil?

R: ¿Qué?

P: ¿Permanecer así?

R: Al menos, puede haber la impresión de que se vuelve más fácil, sin embargo, todo el tiempo tiene que haber un 'yo' haciéndolo y experimentarlo. Es solo una cosa personal. Aparentemente, por supuesto.

P: ¿Por qué aparentemente?

R: Puede ser lo que suceda, sin embargo, es tanto impersonal como real e irreal. Así es para todo lo que aparece.

Conciencia absoluta.

P: Entonces, ¿hay algo como la conciencia absoluta?

R: No, no hay algo como la conciencia absoluta, pero no hay nada como la conciencia aparente. Se podría llamar a esa conciencia "conciencia absoluta" porque no está limitada por una experiencia personal. Aún asi, es solo lo que aparentemente sucede. No tiene experiencia ni ubicación, ni se mueve ni está quieto, como todo lo demás.

P: ¿Y qué hay de la descripción de que existe una experiencia absoluta?

R: Bueno, entonces ya no lo llamaría una experiencia. Lo que es, es absoluto. Está vacío pero no muerto. De hecho, está bastante vivo. Supongo que es por eso que uno podría llamarlo una `` experiencia absoluta ''. Sin embargo, no hay nadie que experimente nada, y no hay ninguna cosa que sea experimentada.

Alegria.

P: ¿Cuál es el gozo de todo esto?

R: El gozo de todo esto es que la configuración personal es una ilusión. Todos los parámetros en los que el "yo" cree vivir no son reales. Eso ya es la alegría misma.

P: Sí, tengo la impresión de que para el "yo" la vida es algo muy serio.

R: Oh, sí, por supuesto. Para el "yo", su vida, su camino, su anhelo y sus intentos de liberarse son absolutamente serios y muy significativos. Todo parece ser real.

P: Eso se siente muy pesado.

R: "Yo" vive en la carga de la realidad. Un maestro espiritual te sugeriría que puedes aligerar tu experiencia haciendo lo correcto. En una enseñanza, siempre existe la promesa de que de alguna manera se puede lograrlo. Este - "mi" - mensaje no sugiere nada a la persona, pero aparentemente sugiere que toda la configuración de ser una persona con todas sus aparentes consecuencias no es más que una ilusión. Desentrañar la ilusión como ilusión parece ser un gozo en sí mismo. No hay nada que encontrar. No hay nadie que esté separado; creo que son muy buenas noticias.

P: Pero quiero llegar allí.

R: Ese es el sueño de nuevo. Ahora has vuelto a lo de enseñar algo ... Cualquiera que intente guiarte allí está hablando de algo que puedes alcanzar. Luego regresa a la configuración personal y comienza a correr tras alguna promesa. No obtendrás "vida", porque la vida no es algo que puedas conseguir. Todo este asunto de conseguir es parte del sueño. Simplemente no es necesario. La vida ya es eso, no hay que conseguirlo, siempre lo ha sido respectivamente.

Sin ilusión .

R: Toda la idea de que existe una ilusión es parte de la ilusión. Que no haya un "yo" ,en realidad, también significa que no hay ilusión. No tienes que despertarte de algo o filtrar lentamente las capas del engaño. Simplemente no hay "yo", y no hay ilusión de "yo".

P: ¿Eso significa que puedo simplemente vivir mi vida?

R: Vivir tu vida ya sucede. Es una ilusión que hay un 'tú' haciéndolo y un 'tú' que puede recostarse o lo que sea "de ahora en adelante".

P: Hmm.

P: ¿Pero cómo me ayuda esto?

R: No lo hace, al menos , no en la forma en que esperas ayuda.

P: ¿Por qué?

R: Bueno, aquel que espera ser ayudado es una ilusión. Esto no significa que el "yo" exista como una ilusión, no, simplemente significa que no hay un "yo" y "no-yo", significa que no hay ninguna ilusión. Todos tus pensamientos y todos tus sentimientos son lo que aparentemente sucede. No son ni reales ni una prisión de la que hay que escapar, están simplemente completos así como eso que son.

P: ¿Pero qué hay de todos estos caminos y enseñanzas espirituales?

R: Bueno, todos se refieren a una persona, que no existe, para curar una separación que tampoco esta allí.

P: Todos este "trabajar a través de la ilusión"

R: Sí, es un trabajo constante; todo el trabajo aparentemente crea más trabajo. "Yo" nunca se abandona a sí mismo. Entonces, siempre que haya la ilusión del "yo", habrá la ilusión de que hay una ilusión. Es inevitable.

P: Hmm.

Conocimiento.

P: Andreas, te he escuchado hablar desde hace bastante tiempo. Siempre que tengo una pregunta, casi puedo responderla yo mismo.

R: Sí, eso es cierto. Me has escuchado mucho y ahora sabes todas las respuestas. "No hay nadie", eso es lo que básicamente digo.

P: Sí, es cierto. ¿Y ahora?

R: ¿Y ahora? Nada, por supuesto. Es inútil. Todo es inútil. Lo sabes todo y, sin embargo, no pasó nada. Esta vacío. Todo lo que digo está vacío. No puedes obtener nada de eso. Lo sabes todo y todavía no hay satisfacción. Ese es el "yo". No hay nada que saber, simplemente porque no hay una realidad que se pueda conocer, nada de lo que puedas agarrarte. Ahí es donde aparece el concepto de rendición. No todo el conocimiento lo hizo. ¿Y ahora qué? Jaja, no hay ningún lugar, ningún lugar adonde ir. Podríamos llamar a eso "rendirse".

Escrituras.

P: Sabes, lo que acabas de decir, lo he leído una y otra vez en algunas escrituras antiguas: "No hay liberación y no hay atadura". Ahora es la primera vez que realmente entendí lo que significa eso.

R: Jaja, eso es genial. Oh, sí, todo ha estado ahí por mucho tiempo. Lo que estoy diciendo no es nuevo. Sin embargo, tampoco proviene de una repetición de palabras. No estoy transmitiendo ningún conocimiento de las escrituras antiguas, pero sí, todo se ha dicho antes. No voy a agregar nada nuevo. Nunca habrá algo nuevo.

P: ¿No es nuevo en cada momento?

R: No, no es nuevo. Puede estar completo y, por tanto, fresco. Puede ser desconocido y, por tanto, aventurero. Sin embargo, nunca ser nuevo en el sentido de que se agregará algo. Lo que es, es atemporalmente ordinario y natural.

P: ¿No pasa nada?

R: Sí, no pasa nada.

P: Es algo plano.

R: Sin dimensiones.

P: Sí, claro.

P: ¿Sabes? Creo que es asombrosamente diferente de de lo que pensé que se trataba todo esto. Esta cosa de "sin liberación y sin ataduras" fue tan abstracta para mí. No tenía ni idea de qué se trataba. Sentí como si fuese un conocimiento muy elevado que nunca alcanzaré.

R: Oh, sí, así es como se siente la realidad natural para el "yo": abstracto, muy lejos, algo más a lo que nunca llegará. Con lo último incluso está acertado. Pero sí, de lo que hablamos es de esto: sentarnos en una habitación y tener esta conversación. Naturalmente, no existen cosas como la esclavitud y la liberación. Es tan natural y "con los pies en la tierra". Mira, esa es la abstracción en la que aparentemente vive el yo: se abstrae de estar sentado en una habitación y, al hacerlo, se abstrae de la totalidad. Al ser solo "yo", "yo" en sí mismo es la abstracción. Nada más experimenta en sí mismo estar separado. Ninguna silla, ningún espacio, ningún pensamiento se experimenta a si mismo como ser algo. Ni siquiera el cuerpo se siente separado. Es solo la ilusión de la conciencia de uno mismo que vive en la ilusión de ser algo que está separado y algo que es consciente. No tiene ningún encuentro con la realidad natural, excepto, por supuesto, que ella también es la realidad natural.

P: ¿Qué quiere decir con eso?

R: Bueno, la ilusión de ser alguien también es lo que aparentemente es. Tampoco lo ha experimentado nadie. En ese sentido, es tan incognoscible e inexperimentado como cualquier otra cosa.

P: ¿No está separado?

R: No, no lo es. Nada está separado. No es algo que ocurra realmente, que podría identificarse como tal. Nadie identifica la ilusión como una ilusión. También es lo que aparentemente sucede y también es lo que es.

P: Vaya, eso es realmente asombroso.

R: Sí, lo es. No hay forma de entrar, ni de salir. No hay movimiento y no hay quietud.

Sueño profundo.

P: ¿Qué sucede en el sueño profundo? ¿Existe una conexión entre la liberación y el sueño profundo? He escuchado que somos eso que estamos en el sueño profundo, y parece que hay una conexión.

R: Sí, no hay experiencia en el sueño profundo. La liberación también ocurre cuando no hay experiencia durante el día. Por lo general, alguien se despierta por la mañana. Mientras sueña, por lo general ya hay alguien que experimenta.

P: Sí, ¿la liberación es un poco como despertarse de un sueño por la noche?

R: No, en realidad no. Cuando hay una persona, el soñar de noche ya lo experimenta alguien y, por lo tanto, despertar del soñar de noche a la conciencia diurna es como pasar de una experiencia a otra. Ya ocurre en presencia y conciencia. En ese sentido, la liberación parece estar más cerca del sueño profundo en el sentido de que no existe ningún experimentador. El dilema es que esta conciencia es una realidad soñada en sí misma. Entonces, la liberación no es un despertar de un estado a otro, es el fin de la ilusión de la autoconciencia de ser algo que existe. En ese sentido, la liberación es más bien como quedarse dormido por la noche y no despertarse por la mañana que despertar de un sueño nocturno a soñar despierto.

P: ¿Qué te pasa por la mañana?

R: No me pasa nada por la mañana.

P: Tú no te despiertas?

R: No, no me despierto. Los ojos pueden abrirse y puede suceder el funcionamiento, sin embargo, no existe la experiencia de que algo se despierte adicionalmente. Cuando hay una persona, hay la ilusión de que algo se despierta por la mañana. Sin embargo, nada se despierta. Es un sueño.

P: ¿Existe una diferencia entre el sueño profundo y el día?

R: No, no la hay.

P: ¿Es lo mismo entonces?

R: No, no es así. No hay nada que experimente una diferencia entre el sueño profundo y el día, así como tampoco hay nada que experimente que todo sea lo mismo. Nada de experiencias al despertarse por la mañana, por lo que no hay ruptura de algo que fue antes. No hay nada allí que experimente algo para ser algo. En ese sentido, no hay ni sueño profundo ni un estado de sueño nocturno ni un estado de conciencia diurna.

P: ¿Pero no podríamos decir que en realidad todo lo que hay es sueño profundo?

R: Bueno, todo lo que hay, es nada (ninguna-cosa) . Porque obviamente esto no es sueño profundo: esto es sentarse en una habitación y tener esta conversación. Sin embargo, no es experimentado como tampoco en el sueño profundo. Es tam incognoscible como el sueño profundo. No hay ninguna declaración verdadera acerca de esto.

P: Hmm.

R: De lo que hablamos es de lo que es el sueño profundo: nada (no-cosa). Nada que aparece ser sueño profundo, nada que aparece ser sueño nocturno y nada que parece estar sentado en una habitación. Sin embargo, no hay experiencia de que estas cosas sean diferentes estados. Todos son atemporalmente nada. Simplemente no existen.

P: ¿Pero no hay conciencia en ninguna parte?

R: Hay conciencia aparente. Sin embargo, no es real.

P: Algunas personas dicen que todavía hay conciencia en el sueño profundo.

R: Quizás, quizás no. Para ser honesto, he escuchado tales declaraciones por lo general durante el día, y parecían salir de una conclusión. Nadie informó eso mientras dormían. Sin embargo, sí, la liberación no es un sueño profundo. Y la liberación no es la afirmación de que todavía hay algo en el sueño profundo.

P: ¿Se podría decir que la liberación trasciende esos tres estados?

R: Sí y no. La trascendencia podría entenderse como otra experiencia, sin embargo, estos estados simplemente no existen.

Sin mente.

P: Hay muchos maestros que dicen que hay que dejar los pensamientos a un lado para ser libre.

R: Ah, sí. Sin embargo, dejar los pensamientos no tiene nada que ver con la liberación.

P: Hablan de no-mente.

R: Sí, ahí es donde operan la mayoría de los maestros: mente y pensamientos sin significado o sin pensamientos.

P: ¿Ese sigue siendo el "yo"?

R: Sí, por supuesto. ¿Quién es el que sale de los pensamientos? ¿Y quién piensa que es una mejor experiencia estar sin pensamientos que con pensamientos? Es el "yo", por supuesto, el que busca algo. Por eso se supone que debes hacerlo conscientemente. Por cierto, normalmente hacerlo una vez no es suficiente, así que tienes que hacerlo una y otra vez. Es un camino, y esas son cosas del "yo".

Sin pensamientos.

P: ¿Por qué hay tantas enseñanzas acerca de no tener pensamientos?

R: Bueno, simplemente porque se ha observado que los pensamientos causan sentimientos. Como el "yo" no quiere tener ciertos sentimientos, piensa que para ser libre, usted tiene que no pensar conscientemente en ningún pensamiento o aprender a pensar sólo en los pensamientos correctos. Está trabajando en un problema, que hay "malos sentimientos", que no existe. Quiero decir que realmente no hay malos sentimientos.

P: ¿No hay malos sentimientos? R: No, en absoluto. Quiero decir, para el experimentador parece haber sentimientos reales. Además, parecen tener un significado. Sin embargo, en la liberación, los sentimientos aparentemente no ocurren para nadie.

P: ¿Pero qué es lo interesante de dejar los pensamientos?

R: Como dije, al dejar la historia por un tiempo, puede obtener fácilmente una experiencia de relajación. Es como un descanso de tu vida y tu historia. Eso puede resultar relajante por un tiempo, al menos hasta que vuelva a la historia. Algunos profesores ahora enseñan que puedes aprender a salir de la historia una y otra vez. Sin embargo, eso realmente no funciona. Tarde o temprano volverás a tu historia. ¡Y eso no está mal! Todo esto se basa en la suposición de que los pensamientos y las historias son reales y, por lo tanto, un problema real. No puedes dejar tu historia simplemente porque no existe. No hay nada allí de donde partir. Toda esta división entre pensamientos, sentimientos, el experimentador y lo que está sucediendo es ilusoria. Es excavar dentro y trabajar a través de una realidad dividida que no está dividida en absoluto. Viene desde un punto de vista personal: que "yo" se asume a sí mismo como una parte, asume que los pensamientos y sentimientos son partes y quiere encontrar una experiencia de libertad dentro de todo ese suceso. Es interminable. Hay escuelas enteras sobre esta idea de "no pensar". Todas están tratando de escapar de "lo que es" logrando un estado de libertad personal. Siempre es libertad de sentimientos, libertad de pensamientos, libertad de algo; para una persona, por supuesto. Es inútil. Es inútil e innecesario y nada más que dar vueltas en una realidad que no existe.

P: Entonces, ¿qué sugieres?

R: ¿Qué sugiero? Nada, por supuesto. No hay sugerencia. "Yo" no existe. No hay nadie. Todos los intentos de acercarte a esto son parte del sueño. No hay un "tú" que esté separado, ¿¡cómo diablos puedes acercarte cuando no hay nadie separado en primer lugar!? ¡Olvídalo! Tus pedidos de consejo provienen de un punto de vista ilusorio pidiendo una solución dentro de un mundo ilusorio. Sin embargo, no hay "yo" y no hay vida personal. Por lo tanto, ¡no hay ningún consejo!

P: Hmm.

R: Sí, hmm. (risas)

R: La liberación es una ilusión. No existe tal cosa. No hay "yo" que esté dormido y que tenga que despertar. Hay tantos cursos, talleres, seminarios, libros, ideas y enseñanzas que se apoyan solo en esa idea de que hay una persona que puede convertirse en algo. Es como una broma.

Miedo.

P: A veces hay un gran miedo a morir, pero a veces creo que realmente también quiero esto. ¿No es la liberación también atractiva para el "yo"?

R: Bueno, sí, lo es. Esta energía de lo absoluto y la libertad es realmente atractiva para el "yo". Lo anhela. Aún asi, cuanto más se acerca, más se da cuenta de que no sobrevivirá allí. Ese es su dilema.

P: Entonces, ¿qué necesita para dar el paso?

R: Oh, no. No hay escalón. Toda esta impresión de estar separado es una ilusión. Toda esta configuración de estar separados, de tener una existencia autónoma que podría terminar es parte del sueño. No existe tal cosa.

P: Oh... ¿Terminará alguna vez la ilusión?

R: Bueno, nada termina realmente.

P: ¿Qué?

R: Sí, nada termina realmente. Tampoco hay ilusión para terminar, esa es exactamente la belleza: al final, no pasa nada. Al final, nada cambia y nada necesitaba cambiar. Todo fue solo una ilusión. El yo aparente está esperando algo, un momento de llegada, una experiencia de algo que llega a su fin. Asume que la liberación es una experiencia de conciencia sobre el hecho de que algo ha terminado. Olvídalo: eso es todo "cosas del yo". Nunca habrá la experiencia de un final. En primer lugar, nada está sucediendo.

P: ¿Es como morir una y otra vez?

R: No, no es así. No hay nadie que viva de un momento a otro, por lo que no hay nadie que muera una y otra vez. Lo que es, es atemporalmente lo que es. No hay un movimiento real ni un cambio real. No hay paso de la presencia a la ausencia como este la presencia experimentada ya es ilusoria. Nada va a suceder. Ya mismo no está sucediendo nada.

P: ¿Está diciendo que "sentarse en esta habitación" no está sucediendo?

R: Sí, exactamente. Esto no es algo que está sucediendo, aparentemente está apareciendo.

P: Entonces, cuando usted dice que todo lo que hay, es esto, ¿en realidad quiere decir que todo lo que hay, es este momento?

R: No, no existe tal cosa como este momento. Para tener la experiencia de un momento real, es necesario tener una conciencia real que sea consciente de que hay "algo" como un momento. Pero exactamente esta conciencia tampoco existe. Este mensaje no es una de esas enseñanzas de "este momento". Sí, esto es todo lo que hay, sin embargo, esto no es nada. Mira, ya vienes desde un punto de vista personal cuando experimentas este momento. Este momento es todo lo que el yo aparente tiene, lo que significa que todo lo que tiene es la experiencia presente. Sin embargo, "experimento algo" es el sueño. La totalidad aparece como este sueño, por supuesto.

Ilusión.

P: ¿Es "yo" la ilusión?

R: Bueno, en cierto modo, lo es. Sin embargo, la "ilusión" suena como si hubiera alguien engañado y pudiera despertar de esa ilusión. En realidad, la sensación ilusoria de "yo soy" es lo que aparentemente sucede: no está mal ni se engaña a alguien. Sí, es un sueño. Y sí, para nadie, lo que significa que no hay nadie que pueda y deba despertar de ello. Si "yo" es lo que sucede, eso es lo que sucede. De hecho, no hay una verdadera ilusión en ninguna parte.

P: Hmm. Mi siguiente pregunta sería cómo liberarme de esa ilusión.

R: No hay ilusiones. Ya es parte de la ilusión que existe una ilusión. No lo hay. No hay nada que superar ni nada que perder. Hay grupos espirituales enteros que trabajan para matar el "yo" o despertar del "yo". Todos fallan, básicamente porque no hay un "yo" en primer lugar.

P: ¿La espiritualidad es un sueño?

R: Sí, lo es. Sabes, toda esa idea de que algo todavía tiene que suceder es parte de ese sueño, y toda la espiritualidad se trata de hacer que algo suceda. Todo es "para ...". Se trata de crear efectos, dar el siguiente paso, avanzar hacia lo real. Todo es ilusorio; no hay nadie en el camino.

P: Quiero llegar a esa quietud absoluta.

R: Bueno, tampoco está quieto. "Lo que es" no se mueve ni quieto.

Claridad.

P: Andreas, muchas gracias por tu claridad. Yo también quiero volverme así de claro.

R: Es una claridad aparente. No tengo nada de eso. No me sirve. No me refiero a algo que aún debe realizarse y hacerse realidad. Me refiero a lo que ya está sucediendo. La claridad es aparente ya que no hay nada que aclarar. En ese sentido, es completamente inútil. No puedo usarlo. Aparentemente, sigo siendo como soy: tan humano, tan tocable, como todo lo que aparentemente soy. Esto, "lo que es", no necesita claridad. De hecho, no es real.

P: ¿No te cambió tu muerte?

R: Bueno, sí y no. Sin embargo, no de la forma en que el "yo" lo supondría.

P: ¿Cómo cambió?

R: Bueno, parece que hay una tendencia a que los viejos traumas y el comportamiento malsano disminuyan. Como la persona a la que el trauma trata de proteger ya no está allí, parece que puede sutilmente relajarse y dejarse llevar. En cierto modo, eso parece suceder de manera muy orgánica y ordinaria. Además, eso no parece ser una regla. Lo que sucede en ese sentido no es ni predecible ni necesario. Eso, es decir, sería el otro lado: cuando no hay nadie, no hay necesidad de que se vaya nada. Entonces, en todo caso, sucede de manera salvaje y libre y no como resultado de un trabajo consciente sobre la personalidad. Entonces eso es imposible.

P: ¿Por qué es eso imposible?

R: Porque la liberación es el fin de la ilusión de que hay una entidad consciente que tiene una vida y podría actuar conscientemente dentro de esa vida asumida.

P: Entonces, no trabajas en tu vida.

R: No, no lo sé. No hay nadie para hacerlo.

P: Eso suena maravilloso.

R: Bueno, lo es. Sin embargo, para nadie. Por otro lado, es normal. La hermosura es lo que naturalmente es.

P: Wow.

R: Sí.

¿No-enseñanza?

P: Andreas, ¿no es su no-enseñanza realmente otro tipo de enseñanza?

R: No, no lo es. Quiero decir, el buscador podría verlo así. El buscador podría asumir que esta es solo otra enseñanza personal que proporciona otro enfoque. La gente cree que puede decidir entre caminos. "Este fin de semana haré un poco de sanación y la noche siguiente un poco de no dualidad. Y todo eso me servirá ". La gente piensa que puede elegir entre "no dualidad radical" y "no dualidad suave". Es realmente una broma.

P: ¿Pero no está tratando de señalar que no hay nadie?

R: Eso es quizás lo que aparentemente sucede, sin embargo, no, no estoy tratando de señalarle que no hay nadie. ¡¿Cómo podría hacer eso cuando en realidad no hay nadie?!

P: Pero se ve así.

R: Sí, el buscador podría tener esa impresión. Sin embargo, el buscador tendrá esa impresión de todos modos. Dondequiera que el buscador crea ir, siempre existe la suposición de que ocurre por alguna razón. Puede que vaya al cine, puede que no vaya al cine, puede que sea lo que sea. Sin embargo, por supuesto, eso no es un obstáculo. El buscador no es un obstáculo para su muerte aparente, sin embargo, la presencia aparente del buscador es un impedimento para su aparente ausencia.

P: A veces tengo la impresión de que sin estas charlas nunca habría entrado en la búsqueda tan profundamente.

R: Eso es gracioso. A veces la gente incluso me acusa de haber inventado el 'yo'.

P: ¿No podrías decir eso?

R: No, por supuesto que no. La mayoría de las personas ya se sienten a sí mismas como alguien cuando vienen aquí. Sin embargo, cuando se vuelve obvio que en realidad no existe un "yo" en primer lugar, se preguntan por qué parece que estoy hablando del "yo" y de su búsqueda.

P: Entonces, ¿por qué estás haciendo eso?

R: Oh, no estoy haciendo eso, y ciertamente, no sucede por una razón.

P: ¿Pero no estás tratando de destruir la 'ilusión del yo'?

R: No, no quiero. No hay un 'yo' ni una 'ilusión de mí' que destruir. Solo está el "hablando". Es la totalidad como eso y, al mismo tiempo, está completamente vacío. En ese sentido, no estoy diciendo nada. Aparentemente, esto establece una dinámica energética en la que el yo aparente comienza a desaparecer, sin embargo, eso no es ni intencionado ni visto como real.

P: Hmm.

R: Ya sabes, no tiene nada que ver con entender o nosotros hablando sobre cómo funciona la ilusión.

P: ¿Eso es inútil?

P: Oh, completamente. Se trata de algo que en realidad no es nada (no-cosa). Estas son historias. No hay "yo", y no hay funcionamiento del "yo". Si hubiera alguien, simplemente podría omitirlo todo. Nunca habrá una llegada a ninguna parte.

El supuesto es que algún día llegarás a alguna parte. Sin embargo, nunca lo harás. No hay un "tú" ni una realidad que se pueda experimentar. No hay circunstancias para llegar. En ese sentido, es maravillosamente desesperanzador.

P: Entonces, ¿crees que la "ilusión de mí" es algo malo en absoluto?

R: No, no es así. No hay un "yo" y no hay un "yo ilusorio" real. Por eso, de todos modos, no se puede hacer nada al respecto.

P: Hmm. Siempre pensé que decías que el "yo" es malo.

R: No, simplemente es lo que es: una aparente ilusión. La palabra 'ilusión' puede tener mala reputación dentro de la supuesta realidad del yo, sin embargo, eso también ocurre dentro de una ilusión.

P: Pero, ¿no está diciendo que no hay un 'yo'?

R: Sí, no hay "yo". Sin embargo, lo que aparentemente parece suceder es que te experimentas a ti mismo como alguien. No está sucediendo realmente y no hay una persona real detrás de esa impresión, sin embargo, eso es lo que aparentemente sucede.

P: No lo entiendo.

R: Por supuesto que no. ¿Quién está ahí para entender qué? Necesitarías ser real para realmente entender algo.

P: Oh, santos cielos!.

R: Oh, sí. (Risas)

La batalla.

P: A veces se siente como si hubiera una batalla en mi interior. Lo que dices parece ser tan obvio, pero se siente como si no estuviera completo. Simplemente no lo entiendo del todo.

R: Oh, sí, eso es lo que aparentemente sucede. Esto puede suceder cuando estás cerca de ese mensaje: en cierto modo, de lo que habla esto -la libertad- está en el aire, sin embargo, todavía parece haber alguien bailando a su alrededor. Pero "tú" nunca ganarás esa batalla. La persona aparente asume esa obviedad aparente y la experimenta como su propia obviedad. Sin embargo, la persona nunca lo poseerá. Y sí, la experiencia de la persona solo consiste en "Todavía no es completamente obvio" o "Todavía no estoy completamente allí".

P: Sí, se siente como si hubiera estado esperando durante tanto tiempo. Como si la libertad fuera casi alcanzable y yo todavía no la hiciera.

R: La persona piensa que la liberación es cuando puede llamar suya esa libertad. Sin embargo, la liberación es cuando ya no hay nadie que la tome ni la posea. En ese sentido, nunca tendrás libertad. En la "liberación", habrás perdido esa batalla y simplemente morirás (risas). Todo lo que queda es la libertad, que también ya estaba allí "antes".

P: De todos modos, estas no son buenas noticias.

R: Oh, sí, estas no son buenas noticias para el "yo". La ilusión de buscar es que la experiencia de separación es reemplazada por una experiencia de unidad. Sin embargo, eso no existe. "Experiencia" en sí misma significa vivir en separación. La liberación es la muerte de la ilusión de la separación sin ningún reemplazo. La sorpresa es que lo que es, es naturalmente completo y no necesita ninguna experiencia de sí mismo para ser completo. Ni siquiera necesita experimentarse a sí mismo como algo en absoluto. Simplemente es absoluta y totalmente sí mismo. En ese sentido, la liberación es como quedarse dormido por la noche.

P: ¿Qué quiere decir con "es si mismo"?

R: No hay una realidad más profunda que esté escondida en algún lugar dentro de "lo que es". Todo, naturalmente, es "si mismo". Nada tiene un conocimiento real sobre sí mismo ni nada tiene una experiencia sobre sí mismo. Cada silla, cada árbol, cada sentimiento, cada pensamiento, todo es pura y absolutamente sí mismo. La única "cosa" que parece experimentarse a sí misma es la ilusión de la autoconciencia, de la separación, de la búsqueda. Aunque, incluso eso es pura y absolutamente sí mismo.

P: ¿Todo eso no le sucede a nadie?

R: Sí, por supuesto. Al final, ni siquiera sucede realmente. Quiero decir, ¿en primer lugar quien estaría allí para saber algo?!

P: ¿Cuáles son las buenas noticias entonces?

R: La buena noticia es que esta batalla, o mejor dicho: todo esto, no sucede. Es lo que aparentemente sucede, sin embargo, para nadie. Es la totalidad como eso: una batalla aparente entre algo y nada, que es nada (ninguna-cosa) en absoluto.

Hacedor-victimismo.

P: Andreas, con algunas cosas parece bastante obvio que no las estamos haciendo, el latido del corazón, por ejemplo, u otras funciones corporales. ¿No es lo mismo con todo lo demás, como pensamientos y acciones?

R: Sí, se podría decir.

P: ¿Por qué no puedo ver esto?

R: Porque eres "tú" viendo algo (aparentemente). Mira, toda esta
indagación se lleva a cabo dentro de una realidad que no existe.
No hay ningún 'tú' experimentando un cuerpo separado.
Ser el observador de las cosas es solo otra experiencia personal.
La persona se experimenta a sí misma como ambas: A veces es
el hacedor, ya veces solo está mirando. Algunas cosas pueden
ser influenciadas por mí y otras no. Entonces, la conclusión a la
que has llegado aún proviene de una indagación personal.

P: Sí, es cierto.

R: Muchas tradiciones espirituales señalan que uno de estos
puntos de vista es el camino hacia la realización: una fracción
dice que "yo" es el creador de todo, y que puede hacer lo que
quiera o influir en todo conscientemente. Por ejemplo, algunos
yoguis quieren realizar todas las acciones de forma consciente:
caminar, respirar, pensar, sentir, etc. La otra fracción dice que
simplemente debe llegar a una perspectiva de observación y
que esto le dará felicidad y alegría. Sin embargo, estos son
estados artificiales que habría que mantener todo el tiempo, que
suele fallar. Fracasa porque estas perspectivas no son reales en
primer lugar. No hay ni realidad que crear o influenciar ni
acontecimientos para ser observados. La promesa de que hay
una perspectiva que trae consigo la realización es solo parte del
sueño, ya sea el observador o el creador, ya sea la gratitud o
algo más. Simplemente no puedes aterrizar en ningún lado. Sin
embargo, el hacer sucede, la creación ocurre (aparentemente) y
el no hacer sucede también. Todo aparentemente sucede, sin
llevar a ninguna parte, por supuesto, sin embargo, ya está
entero y completo. No hay nadie que cree ni observe nada o que
sea libre. Ya es libre. La vida es libre de aparecer como lo que
sea, y todo lo que aparece ya es "eso".

Conciencia versus autoconciencia.

P: Andreas, ¿no está ya sucediendo una función de la conciencia?

R: Oh, sí, aparentemente, la hay. Hay conciencia aparente y hay concienciación. Sin embargo, para nadie.

P: ¿Qué significa eso? Siempre dices que no hay conciencia.

R: No la hay. La función de la conciencia es lo que aparentemente sucede, así como la concienciación y la percepción; sin embargo, lo que parece vivir en la conciencia o más bien lo que parece vivir en la experiencia de la conciencia, la conciencia o la percepción es una ilusión. En ese sentido, no hay nadie consciente de ser consciente, y no hay nadie en consciencia de estar en consciencia. Entonces, la conciencia puede ser lo que aparentemente sucede, sin embargo, es tan incognoscible y no reconocida como tal como todo lo demás. No es importante ni real.

P: ¿Qué pasa con los sentidos?

R: Lo mismo ocurre con los sentidos: la audición sucede, la vista sucede y así sucesivamente. Todo esto es solo lo que aparentemente sucede.

P: ¿Pero para nadie?

R: Sí, para nadie, lo que significa que no hay una experiencia adicional de que sean cosas que le suceden a alguien. Autoconciencia - ser consciente de que hay un yo - es ilusorio. Es solo esa autoconciencia que vive en una experiencia de estar consciente. Sin eso, la conciencia es lo que aparentemente sucede, sin embargo, no se experimenta como algo que sea diferente de cualquier otra cosa. Sabes, la conciencia no es diferente de tener brazos o piernas, por ejemplo. La diferencia entre Andreas consciente y piedra inconsciente es solo lo que aparentemente sucede.

Maya.

P: Andreas, ¿estás familiarizado con el concepto de "Maya"? Se supone que es la gran ilusión. ¿Puedes decir algo sobre eso?

R: Bueno, no estoy muy familiarizado con el concepto. Pero si quiere usar ese término, se podría decir que "yo" es Maya. Visto desde la perspectiva del "yo", todo es Maya. Todo lo que "yo" sabe es sí mismo y a la realidad artificial de la experiencia. De eso es de lo que existe el "yo": la experiencia de la presencia y el de existir como y desde ese punto de vista separado. Eso es Maya.

P: ¿Y el mundo?

R: No hay más Maya que el "yo". El mundo no es Maya. "Lo que es" no es una ilusión; la experiencia de ello es la ilusión, sin embargo, incluso eso es una historia. En ese sentido, no existe Maya. La suposición de que ya existe Maya es Maya. Entonces, Maya es un concepto dualista. No hay maya y no hay ilusión.

Estar aquí.

P: Entonces, ¿diría que incluso el consejo más simple es inútil?

R: Sí, por supuesto. Algunos maestros incluso sugieren simplemente estar aquí, presente. Sin embargo, eso es realmente un maldito trabajo. Esa presencia a la que se refieren es una ilusión. Entonces, ¿quién va a hacer eso ?, ¿quién va a estar presente? Es una broma maravillosa.

P: Realmente no enseña nada. ¿Qué haremos o de qué hablaremos entonces?

R: Sí, no enseño. No estoy aquí para enseñar. Toda la idea de que hay alguien que necesita realizarse a sí mismo es una ilusión. Entonces, ¿quién necesita un consejo?

P: El yo aparente lo hace.

R: Sí, absolutamente. Sin embargo, no hay nadie.

P: Entonces, ¿qué pasa con este "simplemente estar aquí"?

R: Oh, nada. Como dije, esa presencia es ilusoria. Simplemente estar aquí no es tan simple en absoluto. Puede parecer simple, y eso es exactamente lo que lo hace interesante para el buscador. Sin embargo, en realidad es un gran trabajo. Nunca lo lograste realmente y se necesita un esfuerzo casi permanente para mantener ese estado artificial de presencia.

P: Pero es útil por un tiempo.

R: Bueno, yo diría que no realmente. Pones toda tu energía en estar presente y al hacerlo retiras tu atención de tus problemas y de la historia. Eso puede dar la ilusión de un logro exitoso. Sin embargo, es completamente ilusorio y requiere esfuerzo. Verá, no está mal, pero no es la liberación. La liberación es sin esfuerzo, no queda nadie haciendo o no haciendo nada.

P: A veces dices que es "total".

R: Sí, todo está lleno: tu vida diaria, hábitos, problemas, alegrías, traumas ... Todo está lleno de "lo que es". ¿Qué más debería ser?

P: ¿Incluso el experimentador?

R: Bueno, sí, si así lo quieres.

P: *Hmm.*

Sin creación.

P: *A veces dices que no hay creación. ¿Puede hablar de eso?*

R: Bueno, simplemente no hay creación. Toda la experiencia de que hay algo que existe proviene de la experiencia personal. Es la experiencia del 'yo soy' de ser algo que existe ahora o más bien: ser algo que es y ha sido creado. De esa experiencia surge la ilusión de que todo lo que se experimenta también es algo que es y ha sido creado. Esa es la experiencia de "yo aquí ahora" y "el mundo exterior ahora", "Soy algo que es, y esto allá afuera es también algo que existe ". Pero ese es exactamente el sueño: que hay algo que se ha creado o más bien que hay algo que ha nacido. Sin esa impresión, todo lo que hay es lo que aparentemente sucede. Sin embargo, no hay nadie que sepa eso o procese esta información en su mente. La liberación en ese sentido es solo el fin de la realidad artificial, que no es reemplazada por otra realidad. "Lo que es", que no es nada de lo que sucede (y nada más que lo que sucede), esta naturalmente completo y es naturalmente todo. Sin embargo, no hay ningún proceso de creación o experiencia de que algo suceda inicialmente.

Visto por el "yo", que puede sonar plano, y en cierto modo, es plano. No hay profundidades en él o alguna verdad oculta. No hay ningún proceso misterioso de creación en algún lugar "debajo", "Detrás" o "más allá". Lo que es, o más bien: lo que aparentemente sucede, es increado, no es nada que haya existido. Este "sentarse en una habitación" no es manifiesto, no es creado, no es nada. Es total y completo, no busca nada más. "Sentado en una habitación" es feliz de ser simple y completamente si mismo. No hay ninguna comprensión adicional de esto. Es justo todo. Todo pensar y buscar una realización adicional en eso es simplemente dar vueltas en una historia personal sobre la existencia de una persona real que vive en un mundo real que necesita encontrar una realización real. Todo eso es el sueño. No hay creación. No hay un acontecimiento real en el tiempo y el espacio. Nada nunca se convierte en algo. Es así de simple.

¿Porqué?

P: Andreas, ¿por qué sostienes estas charlas?

R: Sin motivo. En realidad, no las sostengo, son lo que aparentemente sucede. Bueno, ya sabes, todo está ahí. Puede encontrar ese mensaje una y otra vez, aunque es más entre líneas. Sobre todo, es bastante difícil de entender.

P: Sí, pero tampoco es difícil de entender lo que dices.

R: Eso es cierto. Nunca lo conseguirás. Sin embargo, las palabras son de una franqueza asombrosa hoy. Lo que tenemos del pasado hoy, me refiero a las escrituras, está muy mistificado y / o teologizado. Como en la religión, el mensaje real es difícil de encontrar. Hoy, solo dirás: esto es "todo". No hay nadie. La espiritualidad es una ilusión. Ya sabes, es tan simple. (risas)

P: Pero para nadie.

R: Sí, por supuesto, para nadie. Pero eso no importa, es natural. Naturalmente, no hay nadie.

R: No le dé mucha importancia. No hay ninguna gran cosa ahí fuera. Y no hay nada aquí.

P: Karl Renz dijo: "Sé lo que no puedes no ser".

R: Esa es otra forma de decirlo, sin embargo, tampoco puedes hacer eso. Es lo que ya pasa. Esto, lo que está sucediendo, no puede ser diferente de lo que es. No está influenciado ni operado por otra cosa. No hay nada más. No se le puede agregar nada ni se le puede quitar nada.

P: ¿Qué es "eso"?

R: Esto - lo que aparentemente sucede. Está completo, y lo es todo, incluso cómo eres.

P: Hmm.

R: Pero no hay experiencia de eso. No hay experiencia de que esto sea todo y esté completo . Simplemente es completo y entero.

P: ¿Es esto lo que soy?

R: Se podría decir, sin embargo, no hay experiencia de que seas eso. "Tú eres eso" significa que es completamente natural y absolutamente simple, pero sin una experiencia adicional de "Yo soy eso".

P: Ajá, está bien. Gracias.

¿Debería?

P: ¿Debo ir a ver a los gurús? Cuando te escucho, suena como si no fuera necesario o incluso como un obstáculo.

R: Bueno, no hay ningún obstáculo. No hay nada que ganar, por lo que no puede haber ningún obstáculo. En todo caso, la búsqueda en sí misma sería el obstáculo. Sin embargo, no hay nadie que la detenga. El buscador no puede estar separado de la búsqueda. No hay un buscador que haya encontrado o que encontrará.

P: Ramana dijo que mientras no haya liberación, tiene que haber búsqueda.

R: Yo no diría que tiene que haber búsqueda, pero sí, mientras haya la ilusión de ser alguien, habrá búsqueda de ese asumido " alguien". Es tan inevitable como el final de la búsqueda cuando el buscador muere. En ese sentido, hay búsqueda cuando hay alguien. El dilema es que suena como si tuvieras que buscar para liberarte. Sin embargo, la liberación es la muerte del buscador sin haber encontrado nada. La liberación no es el final de la carrera de un buscador exitoso. Es el final de la búsqueda sin motivo.

P: Entonces, ¿qué debo hacer?

R: No hay respuesta a esa pregunta. Ramana podría haber dicho "quédate quieto" o "no lo pienses", pero, de nuevo, eso no es nada que puedas hacer. Toda la pregunta ya se refiere a una realidad que no existe, a saber, la realidad personal. Cuando preguntas "¿qué debo hacer?", te refieres a alguien que se supone que está en el camino hacia una meta. Pero estas cosas no existen. Si se sienta con gurús, eso es lo que sucede. Si ese juego cae, eso es lo que sucede, y si sucede algo más, eso es lo que aparentemente sucede. Ya es "eso", sin embargo, cuando hay alguien, esto será pasado por alto. Sin embargo, eso también es "todo". Nunca puede ser "no es así".

P: Hmm, suena como buenas y malas noticias.

R: Sí, la buena noticia es que no puede hacerlo mal, y la mala noticia es que "yo" no lo hará. La buena noticia es que a nadie le importa. Todo es "lo que aparentemente sucede". Es inevitable y esa es exactamente la libertad. Nada puede ser diferente de lo que es.

P: Vaya, se siente como si no hubiera espacio para mí.

R: Sí, no lo hay. El espacio que el "yo" asume tener no existe. Es un reino ilusorio sin existencia.

P: ¿Dirías que hay una ilusión de "yo"?

R: Incluso eso es parte de la ilusión: que hay una ilusión. No la hay. Todo lo que hay es lo que aparentemente sucede. ¿Quién estaría ahí para saber la diferencia entre una ilusión y lo que realmente sucede? No hay nadie. Y no hay ilusión.

P: Pero estoy tratando de despertar de ese sueño.

R: Mira, todo eso es parte de la configuración de la búsqueda. La búsqueda y la conciencia van juntas, sin embargo, ambas no tienen realidad. Tratar de despertar es dar vueltas en una realidad artificial. No hay nadie dormido ni puede haber un despertar. Ese es el sueño, sin embargo, incluso llamarlo "un sueño" le da demasiada realidad. Lo curioso es que simplemente no existe.

P: ¿Pero por qué está ahí entonces?

R: No está ahí. El "yo", o más bien el "yo" sueño, no es algo que esté ahí. Simplemente no lo es.

P: Pero yo sí experimento un yo.

R: Sí, eso puede ser lo que aparentemente sucede, sin embargo, no es real.

P: ¿Pero cómo puedo despertar de eso?

R: No puedes ... simplemente porque no está realmente ahí. Ni siquiera digo que tenga que desaparecer. Mira, estás esperando que suceda algo que se pueda experimentar y conocer.

P: Sí, quiero que este sueño termine.

R: No, lo que quieres es otra experiencia en la que el estrés de

la vida haya terminado. Estás buscando convertirte en una
persona liberada.

*P: Eso es correcto, supongo. Pero, diablos, quiero que se
detenga.*

R: No se puede detener en el sentido en que quieres que se
detenga. No hay "eso". Siempre hablamos de un "eso", el "yo",
la búsqueda, el sufrimiento, como si existieran esas cosas. Pero
no son "cosas". No hay "cosas". Intentar detener algo es como
intentar encontrar algo. Esperar un final es como esperar un
nuevo comienzo. Nada vendrá y nada terminará

Todo es amor.

*P: Andreas, Ramana dijo que al final todo es amor. Dice algo
como "aquí es donde termina el viaje". ¿Qué piensas de eso?*

R: No sé lo que quiso decir, pero en términos de lo que digo,
uno podría decirlo. Dentro de la historia, todos los esfuerzos
por un cambio real o por encontrar algo más precioso que "lo
que aparentemente sucede" provienen de un punto de vista
ilusorio que considera la experiencia de "lo que aparentemente
sucede" como algo incompleto. Esto podría verse como un acto
de violencia. "Yo" está diciendo constantemente: "Esto no. La
realización debe verse diferente ". No dice esto en términos de
una idea simple, no, es toda su experiencia. Y así, intenta y trata
y trata de cambiar, de desarrollarse, de encontrar, sin darse
cuenta de que está constantemente rechazando "lo que es". En
la liberación, toda esta lucha llega a su fin. En la liberación,
incluso los "prohibidos" más fuertes resultan ser "eso". En ese
sentido, sí: al final, lo que queda es amor. La eseidad, la
existencia, es amor. No manipular nada es amor; fíjese, no
como un punto de vista personal.

P: ¿Pero qué pasa con el buscador?

R: El buscador también es amor. Toda esta lucha por volverse uno es unidad también. No es ni lógico ni se puede comprender. Al final, incluso la búsqueda resulta ser "eso". Incluso allí, no se necesita ningún cambio. Otra lectura podría ser que, al final, después de todos esos esfuerzos, hay una especie de entrega. La liberación es entrega. Sin embargo, no se trata de que "usted" se rinda. "Te rindes" es imposible, eso es "yo". Sin embargo, rendirse es muerte. No intentarlo también significa no escapar. Lo que queda es lo que aparentemente sucede. Extraña, sorprendente e increíblemente, ya está completo. A eso también se le podría llamar amor.

P: ¿Qué quieres decir con "eso" ahora?

R: Me refiero a esto: ser yo, ser tú, esta habitación, mi vida, tu vida, mis problemas, tus problemas. Cada pensamiento, cada acción es lo que aparentemente sucede. Me refiero a todo y, sin embargo, a nada en particular. Todo esto ya es amor por el simple hecho de ser como es. Sin embargo, no olvides que este amor es muy poco romántico. Es bastante ordinario. Es lo que ya es en el sentido más directo de estas palabras.

Ramana diciendo "sé quien eres / sé lo que eres".

P: Andreas, Ramana dijo que uno debería "ser quien eres" o más bien "ser lo que eres". ¿Qué piensas al respecto?

R: Bueno, la pregunta es ¿quién debería hacer eso, o más bien quién necesita hacer eso? No hay nadie. No puedes "hacer" ser quien eres. Ya eres lo que eres.

P: Pero tal vez él quiso decir eso.

R: Sí, tal vez eso es lo que quiso decir. No lo sabemos. "Ser quien o lo que eres" ya ocurre. No hay un paso hacia eso ni hay un paso fuera de eso. Sí, tal vez él estaba apuntando a eso, pero tal vez solo estaba enseñando, tal vez algo de autenticidad.

P: ¿Pero no es que yo debería ser auténtico?

R: Es lo mismo. ¿Puedes ser auténtico cuando "intentas" ser autentico? La autenticidad es lo que naturalmente es. Todo es exactamente lo que es. Eso es 100% autenticidad. Incluso sentirse poco auténtico e intentar ser auténtico es 100% y auténticamente sí mismo.

P: Hmm.

R: Ser quien eres es la realidad natural. No hay nada más. Si buscar es lo que sucede, eso es auténtico. Si ocurre la muerte del buscador, eso también es auténtico.

P: ¿Eso significa que "yo" puede existir sin una historia?

R: Sí y no. Puede haber conciencia sin una historia durante bastante tiempo. Sin embargo, tarde o temprano la atención vuelve a centrarse en algún tipo de historia. Ya sabes, andar por ahí como consciente se vuelve bastante aburrido después de un tiempo; Ahí es cuando quieres recuperar tu historia.

P: ¿Qué hay de malo en la historia de todos modos?

R: Oh, no hay nada de malo en eso. Es el yo aparente el que intenta escapar a otra experiencia. Quiere dejar su vida, pasando por alto que exactamente esa vida ya es plenitud.

P: Bueno, no la vida personal.

R: En cierto modo, eso también, por supuesto. Pero sí, no hay una vida personal como tal.

P: ¿De qué se trata, esta cosa "pensamiento"?

R: Es una enseñanza que proviene de la conciencia y la

observación personal. "Yo" sufre por creer sus historias y los sentimientos que parecen ser causados por eso. Para evitarlo, el "yo" intenta dejar los pensamientos y, al hacerlo, evitar los llamados malos sentimientos. Es una técnica para la evasión, como todo lo que hace el 'yo'.

P: Lo llaman espiritualidad.

R: Sí, de eso se trata la espiritualidad: encontrar una salida a la totalidad (risas). Por supuesto, falla.

P: Pero, de nuevo, ¿cómo funciona?

R: Esa es la cuestión: en realidad no funciona. Dejar los pensamientos puede ser divertido por un tiempo, sin embargo, en realidad es un trabajo duro. Como digo: tienes que hacerlo una y otra vez. Y cuando has alcanzado un momento de silencio, se supone que debes permanecer en eso ... - lo que crea un estado aún más artificial. Ahora tienes que estar presente con esfuerzo para no permitir que suceda ningún pensamiento. ¡Que broma! Tarde o temprano fracasas y los pensamientos vuelven. Curiosamente, todo está insertado en una historia en primer lugar: que no tener pensamientos es mejor que tener pensamientos, y que no tener sentimientos es mejor que tener sentimientos. Pamplinas!, ya sabes. Es una idea de libertad personal. Por supuesto, si quieres liberarte de tu insatisfactoria vida diaria, tienes que hacer algunas de estas extrañas técnicas.

P: ¿Se trata de la iluminación personal?

R: Sí, por supuesto. Se trata de que una persona "haga" sus experiencias. Y, por supuesto, tiene que haber algo consciente de ello; de lo contrario, todo el silencio sería inútil.

P: Eso es asombroso.

R: Sí, lo es. Aparentemente

Koan

P: ¿Qué piensas de los "koans"?

R: Bueno, en el Zen, hasta donde yo sé, se ven como una especie de método. La idea es que el maestro está tratando de revelarle al aspirante alguna verdad más profunda. En ese sentido, los koans son solo otro intento. Por supuesto, pueden llevar a la idea de que no pueden ser entendidos, o incluso pueden provocar una interrupción en el flujo de pensamientos seguido de un momento de relajación, pero eso es todo.

P: ¿No te he oído decir que tu mensaje también es un koan?

R: Sí, para el "yo", cada oración es como un koan. Intenta captar, pero no hay contenido. Es como agua en las manos: no se puede retener. Eso es un poco como un koan, por así decirlo. Por otro lado, no estoy tratando de revelar una verdad más profunda. No hay ninguna intención en ello. Lo que digo, aparentemente, es mucho más directo de lo que el "yo" asume que es. El "yo" asume un significado más profundo, que podría comprender. Sin embargo, no lo hay.

P: Sí, eso es cierto. Siempre estoy buscando algo en las palabras.

R: Sí, esa es la búsqueda. "Yo" no puede oír las palabras, porque busca algo en ellas. No puede escuchar la melodía buscando significado en ella. Sin embargo, no tiene sentido. Quiero decir, así es como vive "yo" de todos modos. Supone que hay algo ahí fuera. Es el primero, el sujeto, buscando algo en el segundo, un objeto. Ambos se experimentan como reales cuando en realidad no son reales.

P: Algunos maestros sugieren que se devuelva la atención al sujeto.

R: En realidad, es lo mismo: mover la atención hacia algo.

Aquí, "el sujeto" se objetiva. Todo lo que se está haciendo aquí es crear una experiencia temporal. Puede ser una experiencia de silencio y calma, sin embargo, es temporal.

P: Pero algunas personas dicen que es eterno.

R: Eso es correcto. Pero en realidad es una conclusión. Porque siempre que se hace, existe la experiencia de ese silencio y esa calma, por lo que la conclusión es que siempre debe estar ahí. Sin embargo, la experiencia real es temporal, simplemente porque la atención aparentemente se mueve hacia otro "objeto".

P: ¿No puedo aprender a permanecer allí?

R: No, en realidad no, eso es lo que acabo de decir: la atención se aleja naturalmente de solo estar presente, simplemente porque 'estar presente' es simplemente otro estado insatisfactorio. Entonces, permanecer como presencia se convierte en otra tarea imposible. Sin embargo, puede existir la ilusión de éxito porque la convicción de ser esa presencia tranquila puede aumentar. El dilema es que va acompañado del esfuerzo permanente y no tiene conexión con lo que yo llamaría liberación.

P: ¿Es la liberación sin esfuerzo alguno?

R: ¡Sí, por supuesto! Es sin esfuerzo, o mejor dicho: no hay liberación, pero la sensación de esfuerzo es parte de la ilusión. Sin ilusión, no hay esfuerzo. Es tan simple como eso.

P: ¿Nunca te estresas?

R: Me estreso, aparentemente, sin esfuerzo, por supuesto. Sin embargo, la idea de que 'estar estresado' tiene que transformarse mediante el esfuerzo personal en algo más sagrado o lo que sea, no surge en la liberación. Entonces, sí, aparentemente puede ocurrir un esfuerzo aparente dentro de la vida diaria aparente. (risas)

Cállate

P: Papaji dijo "tranquilizate". ¿Qué opinas de eso?

R: En un sentido no dual, "estar tranquilo" significaría "permanecer en antes de nacer". Sin embargo, no hay nadie que pueda hacer eso, en la medida en que es solo otra historia. No hay un "yo" antes del aparente surgimiento de la ilusión del "yo" que podría evitar que eso suceda.

P: Entonces, ¿el yo también ocurre por sí mismo?

R: Sí, por supuesto. Realmente no sucede de todos modos, sin embargo, nadie tiene un "yo" y podría deshacerse de él. Simplemente no hay nadie.

P: ¿Pero por qué existen todas esas enseñanzas?

R: No tengo ni idea. No hay nadie y no hay elección en ningún lugar. El nacimiento de "mí" es como despertarse por la mañana: nadie hace eso. Simplemente, no hay nadie allí antes de que suceda el despertar que pueda evitar que suceda. Ese es el aparente nacimiento del "yo", el nacimiento de la conciencia, que significa el nacimiento del sentido de presencia. Nadie puede evitar que suceda y, de hecho, nadie tiene que hacerlo. La suposición de que el aparente nacimiento de esa ilusión no debería ocurrir es parte del sueño de "mí". Sin embargo, no hay nada de malo en ello.

P: Bueno, eso es lo que dices.

R: Oh, sí, por supuesto, todavía es lo que aparentemente es: una ilusión sin realidad alguna.

P: ¿Qué quieres decir con eso?

R Quiero decir que no existe tal cosa. No hay un "yo", ni una sensación de presencia ni una ilusión. No hay nada de qué deshacerse. Nada ha nacido hace cuarenta años, nada se despertó por la mañana, nada está aquí ahora mismo, nada se dormirá y nada morirá. Toda esa existencia no existe.

P: ¿Pero cómo puedes saber eso?

R: No puedo. No lo sé. No hay nadie

P: Entonces, cuando Papaji dijo "tranquilizate", ¿qué quiso decir?

R: No tengo ni idea. Al ver esta declaración, a los ojos de este mensaje, debe haber significado "no nazcas". Sin embargo, tal vez fue solo otro señalar (apuntar), mas nadie puede hacer eso, simplemente porque no hay nadie. Es el mismo resultado que el "yo" pensando que tiene que convertirse conscientemente en "no yo". ¿Quién podría hacer eso? No hay nadie. Sin embargo, mi impresión es que la mayoría de los discípulos de Papaji piensan que "estar en silencio" significa no pensar. Si ese era su mensaje, no tiene nada en común con lo que digo. Todo esto de "no pensar" es más bien superficial y realmente no entiende el punto.

P: ¿Entonces cuál es el punto?

R: No hay punto.

P: Lo acaba de decir.

R: Sí, lo siento, aún así, no hay un punto, no tiene sentido. En una enseñanza, siempre hay un punto. Es siempre acerca de algo: algo que está bien o que vale la pena y algo que está mal o que se puede descuidar. Tener pensamientos es peor que no tener pensamientos. Quiero decir, ¿quién podría darse cuenta de eso de todos modos? ¿Quién podría sufrir por los pensamientos y quién estaría allí para disfrutar del silencio? No hay nadie. La conciencia ,y todos estos estados que parecen suceder dentro de la conciencia no son reales. Ellos no existen. No hay conciencia separada que sea consciente de un suceso separado. La aparente disolución de esa configuración no deja nada más que un aparente vacío. Vacío lleno para nadie.

Neti Neti.

P: ¿Lo que haces es "Neti Neti"? (*Neti Neti es un concepto que significa 'no esto, no aquello', o 'ni esto, ni aquello en el Induismo y Advaita.)*

R: Bueno, sí y no. Es naturalmente "NetiNeti" pero no un método llamado "NetiNeti". No es "NetiNeti" para ir a alguna parte. Es solo una respuesta natural y directa. "Yo"pregunta: "¿Es "lo que es" conciencia? ", Y la respuesta es" no ". Preguntar "¿Es la iluminación un estado de felicidad?", Y la respuesta es "no". Eso es "NetiNeti", simple y natural. Usado como método, es simplemente otro juego que juega el "yo". Es falso produciendo resultados falsos. De hecho, la respuesta ni siquiera es "no". No hay una respuesta real. Porque todo lo que se niega no existe de todas maneras. Solo digo "no" a lo que no está en primer lugar: "yo", la iluminación, los estados y todo eso. "NetiNeti" también implica una confirmación tácita de "lo que es". Entonces, "no esto" es solo la mitad de la moneda porque todo "es" también. Entonces, la respuesta siempre es "sí y no", lo que, de hecho, no es una respuesta en absoluto. Eso es "NetiNeti". Todo este evento es naturalmente "NetiNeti".

Quédate en el "Yo soy".

P: Andreas, ¿has oído hablar de Nisargadatta Maharaj? El sugirió permanecer en el "yo soy", lo que podría apoyar la muerte del "yo".

R: Es una buena idea, sin embargo, no está funcionando.

(Risas)

P: ¿Por qué es una enseñanza?

R: Es una enseñanza porque se dirige a una persona que se supone que es capaz de hacer algo conscientemente y tomar una posición. Sin embargo, no hay nadie. "Yo soy" es una ilusión, y permanecer en el "Yo soy" para ir más allá del "Yo soy" es simplemente inútil. Se autoconfirma, que es el único interés del si mismo. Lo interesante es que el propio Nisargadatta renunció a ella uno o dos años antes de morir. En uno de sus últimos libros, menciona que lo más importante no se menciona en sus libros "Yo soy eso". Como dije, conceptualmente, "yo soy" suena como una buena idea: "descansar como presencia pura" parece ser un lugar más cercano a la frontera de la ausencia que cuando estás atrapado en una historia personal.

P: Pero eso suena bien.

R: Sí, pero es una historia. Teóricamente, podrías morir directamente a tu historia personal. ¡¿Por qué no?!, de todos modos, no hay nadie. En primer lugar, no hay nadie que elija una posición interior. En segundo lugar, no existen circunstancias reales. Y en tercer lugar, este mensaje aborda por completo una realidad artificial. Nisargadatta debió haberlo notado porque lo mencionó al final de su vida, no pudo seguir sosteniendolo, porque en realidad no hay nadie.

P: Entonces, ¿dirías que venía desde una perspectiva diferente?

R: Bueno, ¿quién? sabe. Sin embargo, sus famosos libros "Yo soy eso" son claramente enseñanzas, simplemente pasando por alto que en realidad no hay nadie. Por supuesto, se podría decir que la conciencia, o el estado puro de "yo soy", está más cerca de la ausencia, sin embargo, es solo una condenada teoría! Y como dije, todavía se asume que hay alguien que puede hacer algo para aumentar la posibilidad de convertirse en otra cosa.

Esto no es más que una enseñanza personal habitual. Se dirige a alguien para xyz ... Al final, él mismo admitió que era una enseñanza. Curiosamente, los libros "Yo soy eso" son los libros más populares de Nisargadatta entre los buscadores. Por supuesto, porque es una enseñanza y mantiene la búsqueda.

Reproducir y pantalla.

P: Andreas, ¿conoces la imagen que usan algunos maestros, que es la imagen de la pantalla y la película en la pantalla? Dicen que a menudo estamos perdidos en la película y olvidar que en realidad somos la pantalla.

R: Sí, conozco esa imagen. Sin embargo, esta imagen se refiere a una enseñanza de "conciencia". En realidad, describe perfectamente la experiencia personal en la que "yo soy la pantalla", que es la conciencia, y todo sucede dentro de mi conciencia. Por indagación personal, "yo" puede entender que es diferente de lo que es "consciente de". Como una forma de escapar de la búsqueda ,en el así llamado mundo exterior, se supone que debes entender que eres esa conciencia. Por supuesto, y ahí es donde se establece la enseñanza, debes hacerlo conscientemente. Por lo general, se trata de cambiar la atención del exterior al interior. El intento es pasar de una experiencia de movimiento a una experiencia de descanso. La promesa dentro de eso es que, al hacerlo, puede liberarse de la carga y los enredos de la vida diaria.

P: Entonces, ¿qué dices?

R: No digo nada.

P: ¿Pero qué harías con eso?

R: Bueno, no eres ni la conciencia ni de lo que eres consciente. O eres tanto la conciencia como de lo que eres consciente. No importa, simplemente porque cada experiencia de ser algo es ilusoria. De nuevo estás tratando de meter el 'yo', pero no hay nadie. No hay algo que seas, o no hay una experiencia de lo que eres. Verás, esta imagen completa de una pantalla apunta a una configuración dual. La experiencia propiamente dicha es dualidad.

P: Pero la película y la pantalla son "no dos".

R: Sí, eso es lo que dicen, sin embargo, proviene de una comprensión y un concepto. Por supuesto que puedes decirlo, sin embargo, en su experiencia real, o más bien lo que la enseñanza apunta exactamente ,en mi opinión, es que tú eres la única cosa, es decir, la conciencia, y no la otra cosa, es decir, lo que sucede en la pantalla. En eso se basa toda la enseñanza: separación y dualidad. Es el intento de encontrar la libertad y la paz en una sola experiencia. Buena suerte.

P: ¿Eso es malo?

R: No, por supuesto, no lo es. Simplemente no tiene nada que ver con lo que hablamos hoy. Simplemente no hay conexión con lo que yo llamaría liberación.

P: Dicen que esta conciencia es divina.

R: Oh, sí, por supuesto. Es lo más alto de lo más alto y lo más puro de lo más puro, y todas esas cosas. Es decir permanentemente "Yo soy todo lo que es", "Yo soy todo lo que es", ... Es el auto-realce absoluto de "mí". Quiero decir, todo lo que "yo" sabe es "yo", son naturalmente, todos los resultados de la indagación del yo sobre su existencia deben conducir a ese resultado: "Yo soy". ¿No es genial? (Risas)

P: Realmente no hay salida.

R: No, no la hay. Que tiene que haber uno, es el sueño.

Auto-indagación.

P: ¿Quién eres tú? ¿Quién soy? ¿Hay alguna manera de encontrar una respuesta a eso?

R: No, no la hay.

P: ¿No puedo autoindagar?

R: No, en realidad no. ¿Quién quiere preguntar? ¿Quién quiere llegar a conclusiones y saber? No hay nadie. Es todo el "yo", que no tiene ninguna realidad en absoluto.

P: Pero quiero conocer la realidad.

R: Es incognoscible. Lo que es, no es nada. El que quiere saber eso es una ilusión.

P: Pero yo puedo ...

R: ¿Quién es ese "yo"?

P: Pero cuando me pregunto ...

R: ¿Quién es ese "yo"? ¡No existe!

P: Pero puedo ver que no hay un "yo".

R: De nuevo, ese es yo sabiendo algo. Es un conocimiento ilusorio de una persona ilusoria. Olvídalo, no vale nada.

P: A veces me ayuda a calmarme.

R: Oh, sí, eso es lo que hace: ayudar. ¿Quién es ese cobarde que necesita ayuda? Es una ilusión total. Todo eso es el "yo". "Yo" está tratando de saber algo para cambiar su experiencia. Si funciona, se siente como un éxito, en resumen: "Me han ayudado". Todo está dentro de "mí".

P: ¿Está mal?

R: No, no lo es. Simplemente es lo que aparentemente es: cosas del "yo".

P: ¿Qué debo hacer con eso?

R: Oh, nada. Eso es lo que aparentemente sucede. Nadie debería ni podría hacer nada con eso. No es nada.

P: ¿No se supone que debo dejar atrás el sueño del "yo"?

R: Oh, no, de nuevo: ¿Quién lo haría o podría hacerlo? La suposición de que ya existe un verdadero "yo sueño" en marcha es parte del sueño. "No hay un "yo" significa que tampoco hay un sueño. Que hay un "yo" es una ilusión, es decir, que no hay un "yo" ni una ilusión. Simplemente es como es, para nadie.

P: Hmm ...

R: Esa es la belleza de ese mensaje: no hay ningún lugar adonde ir, ningún paso que dar. No hay nadie aquí que necesite hacerlo. Sin embargo, esta es una brillantez absoluta para nadie.

P: ¿Pero quién sabe eso?

R: Nadie lo hace. La unidad parece verlo todo, en realidad es todo, y sin embargo, permanece completamente ciega. Es asombrosamente ignorante al no reconocer nada que no sea eso, ni siquiera la ilusión de ser una persona. La unidad no "me" reconoce como tal. "Eso" simplemente es.

Reencarnación.

*P: Cuando te escucho hablar, supongo que no piensas mucho
en la idea de la reencarnación, ¿verdad?*

R: Bueno, sí, no hay encarnación, así que tampoco hay
reencarnación.

*P: Hmm. Entonces, ¿puedo estar seguro de que con mi muerte
todo habrá terminado?*

R: Bueno, sí y no. Realmente no se puede saber nada. ¿Quién
sabría si algo termina o si algo continúa? El dilema es que este
mensaje y el ámbito en el que tiene lugar tu pregunta nunca se
encuentran realmente. Tu pregunta tiene lugar dentro de una
realidad que realmente no existe. Como dije, ni siquiera hay
una encarnación. Esto significa que tampoco habrá una muerte
real para esa encarnación. Exactamente esa muerte sería lo que
habías pedido: "¿Termina cuando muere el cuerpo?" Sí, cuando
el cuerpo muere, eso es lo que aparentemente sucede. Al
menos, será el fin de ese cuerpo y el fin de la función de
conciencia y la conciencia. No se puede saber nada más.

P: ¿De dónde proviene este concepto de reencarnación?

R: En cierto modo, proviene de la experiencia de la persona. La
persona experimenta un ir y venir todos los días,
respectivamente todas las noches. De hecho, es fácil pensar en
la muerte como una larga noche. Si lo desea, puede poner todo
el concepto de reencarnación dentro de la experiencia de una
vida. Desde el día en que naciste, el día en que surgió la
autoconciencia, experimentas un ir y venir, un aumento de la
autoconciencia y una desaparición de eso. Junto con esto, surge
el mundo con todos sus problemas y con la desaparición de él,
el mundo con todos sus problemas también se desvanece. Sin
embargo, para nadie. Es que esta danza, la danza entre
presencia y ausencia, es lo que aparentemente ocurre. No hay
una presencia real ni una ausencia real de esa presencia. Nada

nace y nada muere. Ambos, por así decirlo, son simplemente "nada"apareciendo como eso. Sin embargo, y eso es importante, para nadie.

P: Hmm. Entonces, ¿qué pasa si renazco después de que el cuerpo muere?

R: Entonces, esto sería lo que aparentemente sucede. Por supuesto, nadie renacería. Sin embargo, es pura especulación.

P: ¿No es todo sobre el futuro pura especulación?

R: Sí, lo es.

P: ¿Y?

R: ¿Y qué? No hay respuesta.

Haz que la prisión sea más agradable.

P: Me preguntaba sobre la búsqueda. A veces piensas que debes buscar y otras veces escuchas que es exactamente la búsqueda lo que es el obstáculo. No sé qué camino tomar.

R: Bueno, la pregunta que haces surge de la búsqueda. Asumes que incluso "no buscar" es un camino que podría caminar conscientemente. En realidad, no hay duda: o existe la configuración de "yo soy" y la búsqueda o no hay nadie. Entonces tampoco hay búsqueda.

P: Ramana dijo que mientras haya alguien, tiene que haber esfuerzo.

R: Yo lo diría de otra manera: mientras exista la ilusión de ser alguien, habrá esfuerzo. Sin embargo, el esfuerzo es ilusorio y no conduce a ninguna parte. Es solo parte del sueño de "Yo soy". La búsqueda cae automáticamente junto con "Yo soy".

P: Entonces, la búsqueda no conduce a ninguna parte. ¿Qué opinas del concepto de al menos hacer que la prisión sea más cómoda?

R: Realmente no me gusta, porque parece que al menos puedes hacer eso. Sin embargo, ese no es el mensaje. No hay nadie que elija nada. Exactamente ese es el sueño: que haya una persona que pueda actuar conscientemente según su propia voluntad. Y sí, volviendo a lo que estabas preguntando al principio: el yo aparente parece sobrevivir estando activo mientras piensa que sus esfuerzos conducen a la realización. Ese es el sueño.

P: Pero es evidente.

R: Sí, lo es. Eso es lo que aparentemente sucede.

P: Entonces, ¿es mejor dejar de buscar?

R: Bueno, ¿quién podría hacerlo? No hay nadie allí. No hay buscador en la búsqueda y no hay descubridor en la liberación.

P: ¿Pero dirías que buscar es un obstáculo?

R: No es un obstáculo. Nadie puede optar por detenerlo. Sin embargo, la búsqueda es parte del sueño de "Yo soy" y nunca conduce fuera de esa configuración. La suposición de que buscar te lleva a alguna parte es el concepto erróneo. En cierto modo, aparentemente confirma el "yo" en su existencia y aparentemente solo sirve a esta existencia. "Yo soy" está buscando para encontrar algo por sí mismo. Tiene que sobrevivir para poder disfrutar de los frutos de su esfuerzo. Visto por el "yo", todo lo demás sería una locura.

Infante.

P: Andreas, Tony a veces habla de ser un niño. Y Jesús también dijo que uno debería volverse como un niño. ¿Qué piensas de eso?

R: Sí, es cierto. Sin embargo, con respecto a este mensaje, en realidad debería decir que tu deberías convertirte en un bebé. Cuando se habla de la semejanza de un niño, la mayoría de la gente se refiere a la experiencia de un niño de seis a nueve años. Fue entonces cuando su experiencia se vio liberada por la vida de un adulto, sin embargo, ya estaban allí para experimentarla. La liberación, por así decirlo, iría incluso antes que la experiencia. Convertirse en un niño significaría entonces que debería ir donde aún no había nacido la conciencia. Antes de experimentar un si mismo, por así decirlo.

P: ¿Pero cómo haría eso? Eso es imposible para mí.

R: Sí, exactamente. Es imposible, simplemente porque "tu/yo" es consciente de si mismo. "Tú" es aquello que se experimenta a sí mismo como "Yo nací y existo". Entonces, Jesús quiso decir que uno "debería" volverse como un bebé.

P: Pero, de nuevo, ¿cómo haría eso?

R: Sí, tienes razón: no puedes. Primero, porque nunca ha nacido la conciencia. Y en segundo lugar, porque toda la experiencia de ser consciencia sólo consiste en la experiencia de ser algo que ha nacido.

P: ¿Qué pasa con el sueño profundo? ¿No es que la liberación es como un sueño profundo?

R: Sí, en cierto modo, es así. Lo que se puede comparar con el sueño profundo es la ausencia de un experimentador. Cuando existe el sueño de "mí", existe la experiencia de estar despierto por la mañana. La conciencia se despierta por la mañana diciendo "ahora estoy aquí".

P: ¿Y eso no sucede de tu lado?

R: No, no es así. No hay experiencia de que haya algo que despierte. Despertar es lo que aparentemente sucede, pero para nadie.

P: Pero para decir esto, ¿no es necesario estar consciente?

R: No, no es así. Al menos, no la autoconciencia que vive en la experiencia de ser algo que es consciente. No hay conciencia aparente para nadie. De esta aparente conciencia, está el aparente informe de que aparentemente se está despertando por la mañana.

P: Eso suena complicado.

R: Sí, parece(risas). Ya sabes, todo eso es lo que aparentemente sucede, así como sucede de tu lado, sea lo que esto sea o parezca. Es real e irreal, completo y vacío al mismo tiempo. Nada apareciendo como algo, sin forma apareciendo como formas. Pero eso son solo palabras, en realidad no significan ni se refieren a nada.

P: ¿Eso significa que el sueño profundo, el estado de sueño y la conciencia diurna son todos iguales?

R: Bueno, sí, en cierto modo. Sin embargo, todos son "ningunacosa" nada para nadie. Ninguna_cosa aparentemente durmiendo profundamente, ninguna-cosa aparentemente soñando y ninguna-cosa aparentemente despierta. Pero para ser precisos: no hay experiencia de que estos tres estados sean "todos iguales". Simplemente no hay nadie ni nada que los experimente como estados diferentes. Nadie sabe que existe el sueño profundo, así como nadie sabe que el estado de vigilia es algo realmente diferente.

P: ¿Hay entonces una experiencia de ausencia?

R: No, no la hay. La presencia y la ausencia no se experimentan.

P: *¿Hay concienciación o conciencia en absoluto?*

R: Bueno, en realidad no. Aparentemente, hay concienciación, y aparentemente hay conciencia. Aparentemente, incluso hay presencia. Sin embargo, no hay experiencia de que sean algo real.

El perro que ladra.

P: *U.G. una vez dijo: "Soy sólo un perro que ladra".*

R: Sí, eso es lo que soy. Soy solo un perro que ladra. Y esto es lo que son estas charlas. Esto es lo que es cada conversación: simplemente ladrar perros.

P: *¿Pero no es real? ¿No dices algo?*

R: No, en absoluto. Hablar es lo que aparentemente sucede, sin embargo, está desprovisto de realidad y significado. Puede tener un significado aparente, sin embargo, es un significado soñado.

P: *Entonces, ¿no dice nada?*

R: No, en absoluto. Pero eso se aplica a cualquiera y a cualquier conversación. Nadie dice nada, son solo historias. Todo es un ladrido.

P: *¿Pero por qué?*

R: Porque no se puede decir nada verdadero. No hay ningún acontecimiento real sobre el que se pueda decir algo cierto. Esa realidad no existe en primer lugar. Aparte de eso, es solo lo que aparentemente sucede. Es caída libre, aun así completa. Quiero decir, los perros que ladran son simplemente maravillosos.

P: ¿Y tú tampoco dices nada?

R: Oh, no, todo está vacío. Todas estas cosas de las que parezco hablar - la conciencia y la liberación y la muerte de "yo" no existe. Todo es una charla vacía. Sin embargo, eso es todo. Esa es la belleza y la libertad de ello. Es la belleza y la libertad de todo.

Vivir en la liberación.

P: ¿Qué puedes decir sobre vivir en la liberación?

R: Bueno, no mucho en realidad. Es básicamente la misma vida que la de todos. Sin embargo, simplemente sin ese mundo imaginario agregado artificialmente en el que parece vivir el "yo". Hay muchas suposiciones en el mundo del "yo". La más importante probablemente sea la suposición de que hay un propósito y una meta más grande en la vida, ya sea la paz mundial o la iluminación o solo "vivir una vida feliz". Por supuesto, todos estos supuestos surgen de su sentido de existencia, sin embargo, creo que esta es la principal diferencia. En muchos aspectos, probablemente me siento igual que tí, sin embargo, no hay ninguna búsqueda en eso. No hay nadie que busque una realización absoluta adicional. Esta búsqueda es un sueño total: asumir que algún estado extraño llamado iluminación o realización o felicidad está en algún lugar de ahí afuera. Dentro de la historia, el 'yo' pone toda su energía en encontrar, devenir o ser este estado que promete la realización de todos los deseos, sin eso, aún queda lo que aparentemente sucede: un cuerpo aparentemente funcionando, aparentemente consciente, aparentemente en conciencia de lo aparente. Capacidad para pensar, sentir y actuar, sin embargo, aparentemente libre de la ilusión de que hay un yo espiritual real viviendo en ese cuerpo. Simplemente no existe tal cosa.

P: ¿Esto te hace más feliz?

R: Sí y no. Por supuesto, cuando no hay nadie, todos los pensamientos y sentimientos en torno a esa búsqueda disminuyen y, por supuesto, tienen un enorme potencial de sufrimiento: todas esas historias sobre 'yo' y 'yo y mi vida', sobre 'yo no siendo feliz 'y todas esas cosas, ese es el sufrimiento. Por otro lado, no hay escapatoria del cuerpo y de la vida diaria. La llamada vida diaria es lo que aparentemente sucede, y como dije, el cuerpo aparentemente está funcionamiento, lo que significa que es capaz de producir sentimientos y sensaciones. No puedes dejar eso ... que, dicho sea de paso, es uno de los intentos del 'yo': dejar esta llamada vida cotidiana y encontrar un estado superior al que pueda retirarse, simplemente ser y descansar. Eso es lo que el aspirante espiritual anhela: un estado superior experimentable.

P: Entonces, ¿no hay un estado superior?

R: No, no lo hay.

P: ¿Tampoco hay un estado inferior?

R: No, no lo hay. Simplemente no hay estados. Vivir en estados no es otra cosa que vivir en la experiencia; ese es el sueño: "Experimento algo" o "yo y mi vida".

P: Entonces, ¿has alcanzado la "liberación perfecta"?

R: Todo lo que hay es la liberación perfecta. Pero "yo" no puede tenerla. En la historia, se podría decir que me morí por ello, sin embargo, esto de nuevo puede sonar como si tuviera algo que ver conmigo. La sorpresa es que cuando ocurre la "liberación perfecta", no pasa nada. Nunca desapareció, así que no puedes ganarlo. El dilema es que cuando hablamos de "liberación perfecta", el yo aparente todavía piensa en un estado abstracto. Piensa en algo personal que está separado de este simple, inocente y aparentemente mundano suceso aquí. Sin embargo, no lo hay. Este aparente suceso aquí y ahora es la "no-cosa" atemporal y sin causa. No hay liberación adicional en eso, a eso o de eso. Es "eso", ya está entero y libre.

P: Vaya, es realmente simple, pero también muy intenso.

R: Sí, es simple. Simplemente lo es. Y sí, visto desde la perspectiva aparente de "mí", es intenso. Es totalidad. Este muy ordinario sucesos es total. No hay nada paralelo o extra. Es directa e implacablemente sí mismo.

P: Entonces, ¿es siempre tan intenso?

R: Bueno, es total, pero también vacío. Es totalmente sí mismo, sin embargo, está libre de realidad y significado. Es alegre y deliciosamente liviano, sin la carga de la realidad y la necesidad de encontrar cualquier otra cosa (por ejemplo, propósito, sentido, satisfacción y / o un estado superior). Sin embargo, para nadie. Así es como es naturalmente. No es personal. No es un estado. Ni siquiera es un "eso". Es simplemente este suceso aparente, que es natural, simple y perfectamente en sí mismo.

Curación y trauma.

P: Andreas, ¿crees que tenemos que resolver los problemas?

R: No, no lo creo. Sin embargo, no se trata de los problemas, simplemente no hay nadie que deba hacerlo. Deje los problemas en paz y ellos se ocuparán de sí mismos. O mejor dicho: Déjate en paz y todo se arreglará solo. No hay necesidad de preocuparse ni preocuparse por nada. El cuerpo se cuidará solo.

P: ¿Pero qué pasa si hay traumas o cosas pesadas?

R: ¿Entonces qué? Entonces eso es lo que aparentemente sucede. Visto por el "yo", toda la existencia es un problema sin resolver. La pregunta sobre la existencia no puede responderse para nada. Y lo mismo se aplica a las preguntas sobre traumas. Ya sabes, de lo que hablamos aquí es muy diferente de lo que el "yo" piensa sobre lo que es la vida y de lo que se trata esta aparente vida. Al mismo tiempo, este mensaje no apunta a otra cosa. Confirma totalmente lo que aparentemente resulta ser lo que aparentemente sucede. Sin atajos, sin pasos para separarnos de ello, sin negación. Si lo que aparentemente sucede es un cuerpo traumatizado, eso es lo que aparentemente sucede. Cuando no hay nadie, no hay nadie intentando trabajar en el trauma, sin embargo, parece que esto, exactamente, puede influir en la curación del trauma. Y cuando digo "influencia", en realidad viene de la dirección equivocada porque, en realidad, parece como si el trauma simplemente se desvaneciera. cuando no hay nadie, simplemente porque ya no hay nadie a quien proteger. Parece como si la aparente ilusión del yo estuviera influyendo y reforzando constantemente el cuerpo traumatizado por su experiencia de ser ese cuerpo. Desde que morí, cada vez se van cayendo más y mas traumas. Sencillamente, naturalmente y sin hacer demasiado ruido.

P: Sin embargo, ¿dirías que todavía estás traumatizado?

R: Sí, yo diría que sí. Sin embargo, si ves de dónde vengo, ha habido muchos cambios. Pero lo que también sorprende es que estos cambios no son reales y no producen nada "mejor" real. De una manera absolutamente genial, estar traumatizado es 'eso', y aparentemente ser liberado del trauma también es 'eso'. Sorprendentemente, no importa con respecto a la aparente totalidad de las cosas.

P: ¿Cómo crees que funciona?

R: Bueno, simplemente no hay ninguna persona mas que necesite ser protegida, entonces, nadie evita que suceda el dejar ir, podríamos decir.

P: ¿Puede esto cambiar la vida?

R: Sí, por supuesto. Como la mayoría de las personas construyen sus vidas en torno a sus necesidades y traumas, el abandono de las necesidades y los traumas también puede cambiar el comportamiento del cuerpo aparente. No importa, por cierto, pero sí, eso es lo que parece suceder. Todo parece nivelarse un poco. Para nadie, por supuesto.

P: Ajá, está bien. ¿A qué te referías cuando dijiste "de dónde vengo"?

R: Bueno, cuando morí, lo que quedó fue un cuerpo más o menos traumatizado. Y la muerte de "mí" no significa que de la noche a la mañana todos los traumas almacenados se disuelven. Lo que muere es la ilusión de que hay un centro interior, un núcleo dentro del cuerpo que eres y que necesita mantenerlo todo unido. En cierto modo, es el cambio de rumbo de toda la energía. Mientras que hasta entonces, toda la energía se basa en la necesidad y la supervivencia, en términos simples: sostener y mantener unida "tu vida", la energía después de la muerte es más bien un movimiento de soltar. En lugar de aparentemente mantenerlo todo junto, la energía se libera y se suelta. Eventualmente, a lo largo de los meses y años, esta aparente liberación parece impregna todo el cuerpo y puede limpiarlo de traumas y cosas por el estilo. Sin embargo, no existe una regla al respecto. Simplemente es lo que aparentemente sucede, o no. No hay ningún significado o verdad en eso, no hay desarrollo ni mejor o peor. Y sobre todo, no hay nadie que lo haga ni nadie que lo experimente.

P: ¿Y cuando todavía quedan traumas en el tiempo?

R: Entonces eso es lo que aparentemente sucede. Mira, todo esto no tiene ningún valor real. Estar traumatizado es tan inútil, o tan completo, como cualquier otra cosa. Visto desde la perspectiva del yo, eso es un milagro total. Tú eres como tú y yo soy como yo. Todo está permitido naturalmente.

P: Entonces, ¿no tengo que curarme primero para ser liberado?

R: Eso es lo que digo. Las ideas sobre la curación pertenecen al aparente "yo". Sin embargo, todo este asunto de la "curación" no contiene ningún valor real en sí mismo. Ya sabes, simplemente no es el problema. Por otro lado, simplemente no hay nadie que pueda liberarse. Esa es otra idea. La liberación es la simple y llana muerte de la ilusión de ser alguien. Y así es la muerte: no pide nada. No pregunta cuánto dinero ganó o si pagó todos sus impuestos, y tampoco pregunta cuánto trabajo de curación hizo. Simplemente viene. Toda la idea -y la experiencia- de ser alguien que está en un camino no es más que un sueño. Simplemente se disuelve en un vacío sin ningún reemplazo. No hay éxito ni fracasos allí: todos son parte de la experiencia del "yo", que no tiene ninguna realidad en sí misma.

P: Hombre, vaya. Toda mi vida estuve trabajando en mí mismo y tratando de convertirme en una persona más pacífica sin darme cuenta de que estoy en una pelea todo el tiempo.

R: Oh, sí, toda la lucha por una persona que no existe en primer lugar. Vivir tu vida es lo que aparentemente sucede, curar, o no curar, es lo que aparentemente sucede. La vida aparentemente sucede. Ya es así. Ya es libre. Así es. Como tu eres. Tal como soy.

P: Oh, vaya, eso es maravilloso.

R: Sí, lo es. Para nadie.

Ideas persistentes.

P: Andreas, tengo otra pregunta. Se trata de una idea que he estado llevando conmigo durante varios años, sin embargo, mi vida parece moverse en una dirección en la que tal vez no pueda seguir esa idea. Me estoy haciendo mayor y las

*posibilidades de realizar esto parecen ser cada vez menor.
¿Qué debo hacer con eso?*

R: Bueno, no lo sé. Lo principal es que no hay nadie y el principal temor es que si no tomas medidas, podrías perder una oportunidad. Quizás "la" oportunidad. Sin embargo, no lo sé. ¿Quién sería capaz de hacer algo con eso?!

P: Cuando hablamos recientemente, tuve una sensación de la libertad de la que hablas y la inmensidad de ella.

R: Sí, 'lo que es' no tiene límites.

P: ¿También incluye estas ideas y tal vez la sensación de que me pierdo algo?

R: Bueno, sí, por supuesto. Sin embargo, supongo que cuando no haya ninguno, dentro de unos años esta idea simplemente desaparecerá. Es muy posible que después de la liberación aún permanezcan en el sistema toda clase de ideas. Por lo general, desaparecen con el tiempo.

P: ¿Tiene que ser así?

R: No, por supuesto que no. Quiero decir, nadie lo sabe. Podrías seguir viviendo con esa idea persistente por el resto de tu vida.

P: Oh, no.

R: Bueno, a su manera, sería lo que aparentemente sucede y naturalmente está bien. Esa es la sorpresa.

P: Hmm. A veces es como si hubiera dos realidades. Incluso cuando estoy peleando por dentro, parece haber paz debajo.

R: Estas no son realmente dos realidades. Lo sorprendente es que "lo que es" es naturalmente completo. Este "estar completo" no cambia realmente "lo que aparentemente sucede".

Todavía hay pensamientos y sentimientos y tú te comportas de cierta manera, sin embargo, es exactamente eso que es todo y que ya está entero y completo.cuando hablo de liberación o libertad, no me refiero a algo que todavía sucederá. Tampoco me refiero a un aspecto adicional. En ese sentido, "lo que es" es simplemente completo y, naturalmente, siempre lo ha sido. Y si existen las llamadas viejas ideas en torno a los sentimientos de arrepentimiento, eso es lo que aparentemente sucede. Y si sucede por el resto de tu vida aparente, también sería "eso". Esa es la libertad.

P: Vaya, eso es realmente inmenso. Hay tantas ideas sobre cómo ser libre.

R: Sí, es cierto. Sin embargo, no hay ninguna persona que se vuelva libre. La libertad es la realidad natural, sin embargo, para nadie. La liberación es la ruptura de la ilusión de que hay alguien que no es libre y, eventualmente, la ruptura de todas las ideas y conceptos a los que esta aparente persona se estaba aferrando.

P: ¿No suceden todo a la vez?

R: No necesariamente. Ya sabes, cuando la energía personal vuelve a fundirse en 'lo que es', por así decirlo, todavía tienes un organismo condicionado y a menudo neurótico, y muchos de los condicionamientos y neurosis que se construyeron en torno a esa necesidad artificial de proteger a la persona artificial, todavía están en su lugar y aparentemente jugando. Sin embargo, eventualmente, desaparecen de forma natural y orgánica después de un tiempo. Este "mientras" puede durar años, por supuesto.

P: ¿Qué se puede hacer para hacer eso?

R: Oh, en realidad nada. Quiero decir, no hay nadie. No es un proceso que pueda apoyarse conscientemente. Todo el que le dice eso está de vuelta en el juego de que hay "alguien" que podría elegir entre el bien y el mal o entre lo que sea. Por lo general, las personas que se refieren a esa experiencia, son ellas mismas alguien y tienen la experiencia que tienen para trabajar en su camino. Sin embargo, la liberación no requiere esfuerzo. "Lo que es" es sin esfuerzo lo que es.

P: ¿Puede surgir el esfuerzo?

R: No uno real. Sí, el esfuerzo parece ocurrir, sin esfuerzo, por supuesto.

Reverberación.

P: Andreas, tengo una pregunta que se refiere al tiempo aparente después de la liberación. ¿Es posible que después de la liberación haya alguna reverberación de cosas personales durante un tiempo? ¿Como viejos hábitos, sentimientos de culpa, vergüenza o pensamiento?
R: Sí, eso puede suceder. Muchas de estas cosas pueden durar un tiempo. Y cuando digo "por un tiempo" esto es bastante relativo. Algunas cosas pueden durar meses o años, por ejemplo, traumas. Ya sabes, en general, cuando el "yo" muere, parece que queda mucho más de la persona de lo que la persona ha asumido. Eso es simplemente porque muchos del funcionamiento de la persona nunca ha sido personal en absoluto. Ser responsable de pensamientos, sentimientos, acciones y reacciones es parte del sueño de "Yo soy". Entonces, muchas de estas cosas aparentemente permanecen.

P: Ah, está bien. Pero, ¿cómo sucede esa persistencia entonces?

R: La liberación aparente es la muerte de la ilusión de que hay un centro. Ese centro parece nutrir el funcionamiento de la historia personal prestándole atención. Cuando cae esa ilusión de centro, ya no hay atención que nutra los pensamientos y sentimientos de la historia personal. Sin embargo, el cerebro y el sistema hormonal siguen funcionando. El personaje aún es capaz de tener los mismos pensamientos que antes y, por lo tanto, sigue produciendo los mismos sentimientos. La rapidez con la que se des-satura este material depende de qué tan profundamente arraigado esté en el sistema, podríamos decir.

P: ¿Pero a alguien le importa?

R: Oh, no, en absoluto. Eso es lo gracioso cuando no hay nadie. Nada importa. Aparentemente, las cosas personales que se desarrollan son tan "lo que aparentemente sucede" como cualquier otra cosa. Nada es mejor o peor que cualquier otra cosa. Por tanto, nada importa. De todos modos, que haya "cosas personales" es una historia.

P: Wow. Eso suena muy natural. R: Sí, por supuesto. La aparente muerte de "yo" no es ni antinatural ni sobrehumana. En su forma única, es muy orgánica y natural, como la muerte es muy orgánica y natural, incluso cuando es repentina.

Disociación.

P: ¿Puedes decir algo sobre la disociación? Algunas personas piensan que simplemente estás disociad.

R: Sí, eso es cierto. Sin embargo, la liberación no tiene nada que ver con la disociación. La disociación, en ese sentido, es una función psicológica o más bien: disfunción (que todavía es una especie de funcionamiento). Sin embargo, no hablo de la experiencia de que no hay nadie o que el individuo tiene que dar un paso atrás o negarse a sí mismo. El individuo puede concluir eso, por lo que parezco decir, sin embargo, no es en absoluto lo que estoy diciendo.

P: Trabajo en una clínica psiquiátrica, y la gente allí a menudo me dice que ya no se sienten a sí mismos, que todo está vacío y no tiene sentido. Eso suena bastante a sus palabras.

R: Sí, en parte suena a mis palabras, pero en realidad, se refieren a una experiencia. Se refieren a una experiencia de no poder sentirse a sí mismos. Se refieren a una experiencia de "nada tiene sentido" y, por supuesto, también hay sufrimiento a partir de ese estado. Ese es un estado aparentemente disociado. Como historia, se podría decir que la liberación es todo lo contrario de la disociación: es la fusión del "yo" aparentemente disociado con la totalidad. Sí, no tiene sentido, no tiene significado. Sí, no hay nadie. Sí, todo está vacío, y lleno, por cierto, pero para nadie. Y no como un estado experimentado. Muchas tradiciones espirituales en realidad enseñan alguna forma de disociación: hay un gran movimiento de personas que sugieren que "simplemente observe" o "simplemente esté atento" como una forma de salir de la identificación y el sufrimiento que parece venir con ello. Eso es en realidad promueve un estado disociado mientras se afirma una conexión con la liberación. No es de eso de lo que hablo en absoluto. No estoy promocionando ningún estado. Los propios estados son ilusorios en primer lugar. No sugiero adoptar un cierto punto de vista. Cualquier punto de vista es ilusorio en primer lugar. No hay nada de lo que escapar. Ningún sentimiento, ninguna emoción puede amenazarlo. Nada puede realmente hacerte daño, simplemente porque no hay nadie ni nada que pueda resultar dañado. Ya está todo completo. Mira, esa es la diferencia entre este mensaje y una enseñanza: Con una enseñanza, llega algo que se supone que debe hacer, y se hace una promesa. Eso está dando vueltas en el sueño. Este mensaje no reclama ni ofrece nada. Como efecto secundario,Puede resultar obvio que no hay ningún problema con nada en absoluto.

Excursiones a la ciencia.

R: Hasta donde yo sé, los científicos aún no han encontrado un "yo". Y supongo que tampoco encontrarán uno, es decir, porque no está allí. Y hasta donde yo sé, ni siquiera pueden comprender la idea de la autoconciencia y unirla con lo que están descubriendo. Básicamente, no tienen ni idea de qué es la autoconciencia. Ni siquiera les gustan sus propias teorías sobre la conciencia del 'yo', porque también les parecen una locura. Parecen saber bastante sobre la función de la conciencia, pero nunca conectadas con un 'yo'. Entonces, para la ciencia moderna, no hay un "yo" que pueda ubicarse en cualquier lugar. Es casi lo que dice este mensaje: no hay "yo". Sin embargo, hay pensamientos, sentimientos, funcionamiento, funcionamiento muy humano y personal, incluso conciencia, pero para nadie. Es asombroso. Es realmente asombroso.

P: Pero, ¿qué hacen con él?

R: Bueno, por supuesto, como probablemente todavía exista la experiencia de ser una persona para la mayoría de los científicos, es algo que no pueden comprender por sí mismos por la propia experiencia. En ese sentido, todavía experimentan los pensamientos, los sentimientos y la conciencia como cosas reales y personales.

P: Pero también descubren que no hay realidad.

R: Eso es cierto. Sin embargo, no pueden reunir esos resultados y, aun así, es una persona la que descubre todas esas cosas. Puede ser interesante y rompedor de creencias para estas personas, sin embargo, la persona no necesariamente muere por esas aparentes revelaciones. Simplemente enfrentan lo que también enfrenta el buscador espiritual: que parece haber muchas revelaciones, información, conclusiones, percepciones, comprensión y conocimiento, y al final, son inútiles. Ninguno de los dos pone fin a la experiencia de separación como tal. Ninguno de los dos produce la única respuesta o la única conclusión. Por supuesto, no pueden traer la liberación, porque todavía tienen lugar dentro de la estructura de la experiencia. Todo este entendimiento proviene de un punto de vista de observación y le sucede a alguien. Ninguna percepción ni conclusión tocan al experimentador mismo. Simplemente nunca lo tocan. Incluso descubrir que no hay un "yo" no mata al "yo", ni para el buscador espiritual después de practicar "¿Quién soy yo?" Ni para el científico que ve en su MRT que no hay un "yo".

P: Hmm. Entonces, ¿qué es la liberación?

R: En ese sentido, la liberación es rendición, que es más bien la muerte que un estado sagrado.

P: ¿Rendirse?

R: Sí, rendirse y dejarse ir. Sin embargo, no estoy hablando de algo que puedas hacer. Esa sería la arrogancia de la persona que piensa que puede y debe entregarse conscientemente. La liberación no depende de que te rindas. Podríamos decir que la unidad te hace rendir "ti", lo que no significa nada más que que te mata. Y al matarte a "ti", se vuelve obvio que no había nadie a quien matar en primer lugar. Se vuelve obvio que no hay nadie que estuviera atado a la separación y tuviera que ser liberado. La separación nunca ocurrió. En ese sentido, no hubo conocimiento ni rendición.

P: ¿Qué se vuelve obvio?

R: Que no hay un "yo". Sin embargo, la liberación no es esa obviedad. Esa obviedad no es real y no tiene ningún significado. La liberación, sin embargo, es el final de la experiencia de ser una entidad separada. Es enérgico y visto por el "yo", parece muy real. Es la muerte y no una obviedad sobre algún hecho. No hay ninguna obviedad real, y no hay nada que ver.

P: ¿No hay nada que ver?

R: No, claro que no. La unidad no es una circunstancia que puede ser vista. Estas mirando desde un punto de vista separado. De todas formas no existe tal cosa. Nunca habrá iluminación en el sentido de ser esta otra experiencia. Dios no será visto nunca, simplemente por que ni hay Dios ni una circunstancia llamada "Dios". Todo lo que hay es, es esto. "Esto" significa lo que "aparentemente sucede", o mas bien "nada" (ninguna-cosa) como lo que "está sucediendo".

P: Si, si. Lo sé, ya se que esto es todo lo que es.

R: No, tu no lo sabes. Cómo puedes saber lo que es incognoscible?

P: Yo no lo se.

R: Yo tampoco.

Criticismo.

P: Andreas , a menudo se te considera como parte de la escena del Neo-Advaita que suaviza las enseñanzas antiguas tradicionales. Eres acusado de presentar un mensaje con una "luz a la iluminación" y ofrecer iluminación instantánea. Qué piensas de ello?

R: No mucho . De todas formas cuando miramos u poco mas de cerca ves que estas personas , usualmente, no han realmente escuchado o no estaban realmente interesados en lo que aquí se esta diciendo. Muchas veces dicen que yo afirmo que " todo el mundo esta iluminado" y que "tu no tienes que hacer nada para iluminarte".Mas eso no es verdaderamente o que esta siendo dicho aquí. Lo que digo es que no hay nadie separado y nadie que deba ser iluminado o no. Claro , en ese sentido, no hay nadie que deba de hacer algo.Aún así "hacer" aparentemente sucede... o no.

P: Dicen que lo haces demasiado fácil y que a la gente le gusta esas cosas simples.

R: No digo que sea fácil. Para el buscador, no es nada fácil, visto por el buscador, es imposible. El buscador nunca lo obtendrá; el buscador nunca será libre. Hasta aquí, este mensaje es bastante pesado para el buscador. La facilidad es que de lo que hablamos "ya" es el caso. "Lo que es" es naturalmente completo por el simple hecho de ser él mismo. "Lo que es" se siente absolutamente cómodo siendo lo que es. No hay esfuerzo en ninguna parte.

P: Pero el buscador piensa que tiene que esforzarse.

R: Sí, exactamente, así es como vive el buscador. Descartan la sencillez de "lo que es" y viven en la ilusión de que tienen que llegar allí. Escuchan la simplicidad del mensaje y lo convierten en algo muy difícil y complicado. Otra cosa interesante es que este mensaje también ha existido en los llamados tiempos antiguos.

P: ¿De verdad?

R: Oh, sí, puede encontrarlo aquí y allá. Es mucho más raro que todas estas cosas espirituales, sin embargo, está ahí. Y de lo que suelen hablar estas personas es de la interpretación personal de este mensaje simple y puro. Eso es lo que pasa con cualquier religión: el mensaje real degenera en una nota al pie y se asfixia por los rituales, prácticas y tradiciones de la persona. Para el buscador, el camino es mucho más importante que la meta porque estar en un camino refleja su experiencia. Por tanto, el buscador tiene que descartar un mensaje que niega su existencia y la necesidad de practicar.

P: Otra crítica es que no te encuentras con la gente desde donde ellos están. ¿Es este mensaje para todos? ¿Puede ser peligroso?

R: Bueno, teóricamente es para todos. No dice que necesite requisitos específicos. No es necesario tener ciertos conocimientos para afrontar eso. Sin embargo, prácticamente, es solo para aquellos que estén interesados en él. Y según mi experiencia, solo hay unas pocas personas interesadas en ese mensaje. Si miras el número de personas que están interesadas en ese tema, en comparación con el número de personas que se sienten atraídas por las ofertas espirituales, por ejemplo, verás que no son muchas. Puede haber algunos que estén alrededor de ese mensaje por un tiempo, pero los que no están realmente listos, y no me refiero a "listos" de una manera negativa o en términos de que haya un camino, pierden el interés muy pronto. Simplemente no obtienen lo que buscan, sus necesidades aparentes simplemente no son reconocidas por mí. No reciben la atención que anhelan. No obtienen el entretenimiento que buscan. No alcanzan alturas de elevación espiritual ecc. Entonces, se van después de un tiempo.

P: ¿Qué hay de que sea peligroso?

R: Bueno, allí también, no veo un peligro real. Por supuesto, este mensaje puede tener un gran impacto en la vida aparente de las personas. Y, por supuesto, hay muchos malentendidos en torno a este mensaje. Sin embargo, a la larga, no conozco a nadie que esté más perturbado que antes. O cualquiera que haya robado un banco porque confundió el mensaje con algo como "nada importa". Quiero decir, todo el asunto de la "destrucción" (que, potencialmente, suena peligroso) se refiere a una ilusión. Lo que también se está señalando, aparentemente, es la totalidad en sí misma. En el sentido de una historia, esto está apuntando a una curación que ya es el caso , que puede sonar muy positivo. De todos modos, este mensaje es totalmente neutral, por así decirlo.

P: Hay personas que dicen que no se les puede decir esto a las personas que no están preparadas.

R: Bueno, eso es lo que quiero decir. Mi impresión es que estas personas simplemente no se sienten atraídas por ese mensaje. Puede haber excepciones, sin embargo, en realidad no veo que eso suceda.

P: Algunas personas también te acusan de dar un desvío espiritual.

R: Sí, lo sé. Entiendo su impresión y entiendo que ellos lo vean así. Sin embargo, mi impresión es que nunca siguieron realmente lo que digo. Por lo general, eso proviene de su intento de usar este mensaje como un desvío espiritual y su experiencia de que esto no funciona.

P: ¿No dice usted que no hay nada que buscar?

R: Sí, por supuesto que sí. Pero no le digo esto a una persona. No estoy intentando convencer a la persona para crear una mejor experiencia. Pero sí, por supuesto, no hay nada que buscar ni nada que encontrar. Incluso todas las personas tan honradas como Ramana Maharshi o Jesús señalan esta absoluta sencillez. No tengo idea de por qué se puede escuchar esto tan a menudo. Bueno, yo también, lo escuché (risas). La mayoría de las críticas que me llegan a los oídos se refieren más a lo que la gente piensa que estoy diciendo no a lo que a lo que realmente se dice. Y por lo general, puedo "probar" eso al instante. En cierto sentido, este mensaje está mucho más cerca de las escrituras antiguas que muchas de estas personas que me critican, respectivamente, ese mensaje piensan. Sin embargo, no proviene de un conocimiento aprendido. Sabes, a menudo hay muchos dobles estándares: si Ramana nunca leyó ninguna Escritura, o más bien leyó las Escrituras solo años después de su aparente despertar, eso está bien. Si Andreas Müller de Alemania nunca hizo eso, debe ser un fraude porque no ha leído las Escrituras. No es que quiera compararme con Ramana. Nunca lo he conocido y no me atrevería a hablar en su nombre. Quiero decir, hay muchas personas que afirman estar en el linaje de Ramana y que no lo han conocido ni han podido preguntarle si está bien que hablen "en su nombre". Ignorancia , eso es lo que creo que es.

P: ¿No se ve a sí mismo en el linaje de Ramana?

R: Por supuesto que no. Como dije, nunca lo conocí. No sé lo
que estaba diciendo. Sí, existen estos libros, y parece haber
correlaciones, pero Dios, ¿quién diablos sabe? ¿Quién de esos
gurús autoproclamados lo ha conocido? Y, por cierto, mira lo
que dicen, lo que "transmiten": lo más superficial de lo
superficial de las palabras de Ramana. Lo convierten en sus
juegos psicológicos y espirituales. Si lo toma en serio,
probablemente eso no fue lo que dijo.

P: ¿Y cómo es él para tí?

R: Como dije, no sé mucho sobre él. No me importa mucho él.
No porque piense en algo específico sobre él. Simplemente no
está cerca y, por lo tanto, no puede jugar un papel importante en
mi vida. No afirmo nada. Solo digo lo que digo, o más bien:
Hay palabras que salen de mi boca , que estan saliendo de mi
boca y luego podemos discutir eso.

P: ¿Qué pasa con Tony Parsons?

R: Bueno, en la historia, él me dijo que hay Ninguno. Sin
embargo, no sé por qué lo escuché. Se lo está contando a mucha
gente (risas).

P: ¿Te refieres a él como una especie de linaje?

R: No, en realidad no. Puede verse así, y tal vez sea así, sin
embargo, hablar de un linaje contradiría absolutamente todo el
mensaje. En la medida en que, no hay experiencia de ser un
gurú de su lado, y no hay experiencia de haber obtenido algo,
haber llegado a alguna parte o haber transferido algo de mi
lado. Ya sabes, dentro de la historia, Tony fue el que me dijo,
sin embargo, todo esto es absolutamente impersonal. Como
dije, por qué me desvanecí y aparentemente no tantos otros no,
no lo sé. Y, verás, hablar así ya suena como si algo hubiera
sucedido. Una vez más, estamos perdiéndonos del asunto. Al

final, no tuvo nada que ver con Tony, y no tuvo nada que ver conmigo.

P: Entonces, ¿tu mensaje sigue una tradición?

R: No, no es así. Viene absolutamente directo. Parece como si pudiera encontrar este mensaje a lo largo de la historia una y otra vez, sin embargo, nunca provenía de una tradición. A la persona aparente le encantaría convertirlo en una tradición con un camino y un conocimiento especial y, sobre todo, con algo que puedes y tienes que hacer. Pero lo que todos estos mensajes intentan decir es que no hay un "yo" ni nada que obtener. Este mensaje no se puede incrustar en un sistema de creencias, caminos y jerarquías. En ese sentido, expresa directamente de lo que significa y por lo tanto se destaca absolutamente por sí mismo. En la historia, se podría decir: "¡Tómalo o déjalo!" No deja lugar para discusiones, no porque diga que tiene razón, sino porque no hay realmente nada que discutir. Sabes, esa es la diferencia entre enseñar y esta comunicación directa: dentro de una enseñanza, el énfasis está en el camino y de alguna manera "hacer lo correcto". Todo el énfasis está en lo que tienes que hacer para seguir tu camino. En una enseñanza, apenas se hace hincapié en llegar finalmente allí. Pero todas las personas a las que me referiría en cuanto a comunicar este mensaje afirman que no hay un "yo", que no hay nada malo y nada que obtener. El yo aparente simplemente no quiere escuchar esto, por lo tanto, tiene que combatirlo. Lo sé, solo porque algunos indios dijeron eso hace unas décadas o unos cientos de años, es fácil ponerles un trono y asumir que estaban hablando de una religión. Sin embargo, todos dijeron que estaban hablando de algo muy natural y ordinario. La totalidad es esa realidad natural, que no es otra cosa que lo que parece suceder. No hay nada más. Es simple, claro y obvio.

P: Pero no puedo verlo.

R: Sí, simplemente porque no hay nada que ver. Mira, Ramana podría haber dicho: "Deja de buscar". Exactamente eso es la liberación: el fin de buscar sin encontrar nada. Sin embargo, lo que queda es naturalmente completo. Lo que queda es exactamente esto, pero sin la búsqueda de otra cosa. Eso es. No se ha encontrado nada. Además, no se ha visto nada. Es solo el final del buscador.

P: Hmm. ¿Cómo puede el buscador acabarse a sí mismo?

R: El buscador no puede acabarse a sí mismo, porque ni siquiera hay un buscador. El buscador no existe.

P: ¿Cómo puedo hacer que esto se vuelva obvio?

R: No puedes. No puedo. Nadie puede. Todo el mundo está desamparado aquí. No hay salida ni entrada. No hay camino, porque todo es ya la meta.

Gracias a:

Adriana Hernández

Dorothea Gruß

Levin Sottru

Tony & Claire Parsons

Mi famila.

Acerca de Andreas.

Nació en 1979 en Ludwigsburg, en el sur de Alemania. Después de consumir drogas en su juventud y buscar la espiritualidad después, conoció a Tony Parsons en 2009. "Primero, me sorprendió. Aunque ya había sabido y experimentado mucho, esto era algo nuevo e inesperado. De repente, sin ninguna razón, escuché lo que Tony estaba diciendo, y pronto fue innegable: No hay nadie ".

Desde 2011, Andreas ha estado manteniendo charlas e intensivos en todo el mundo.

www.thetimelesswonder.com